알기 쉬운
영어교육론

송 해 성 지음

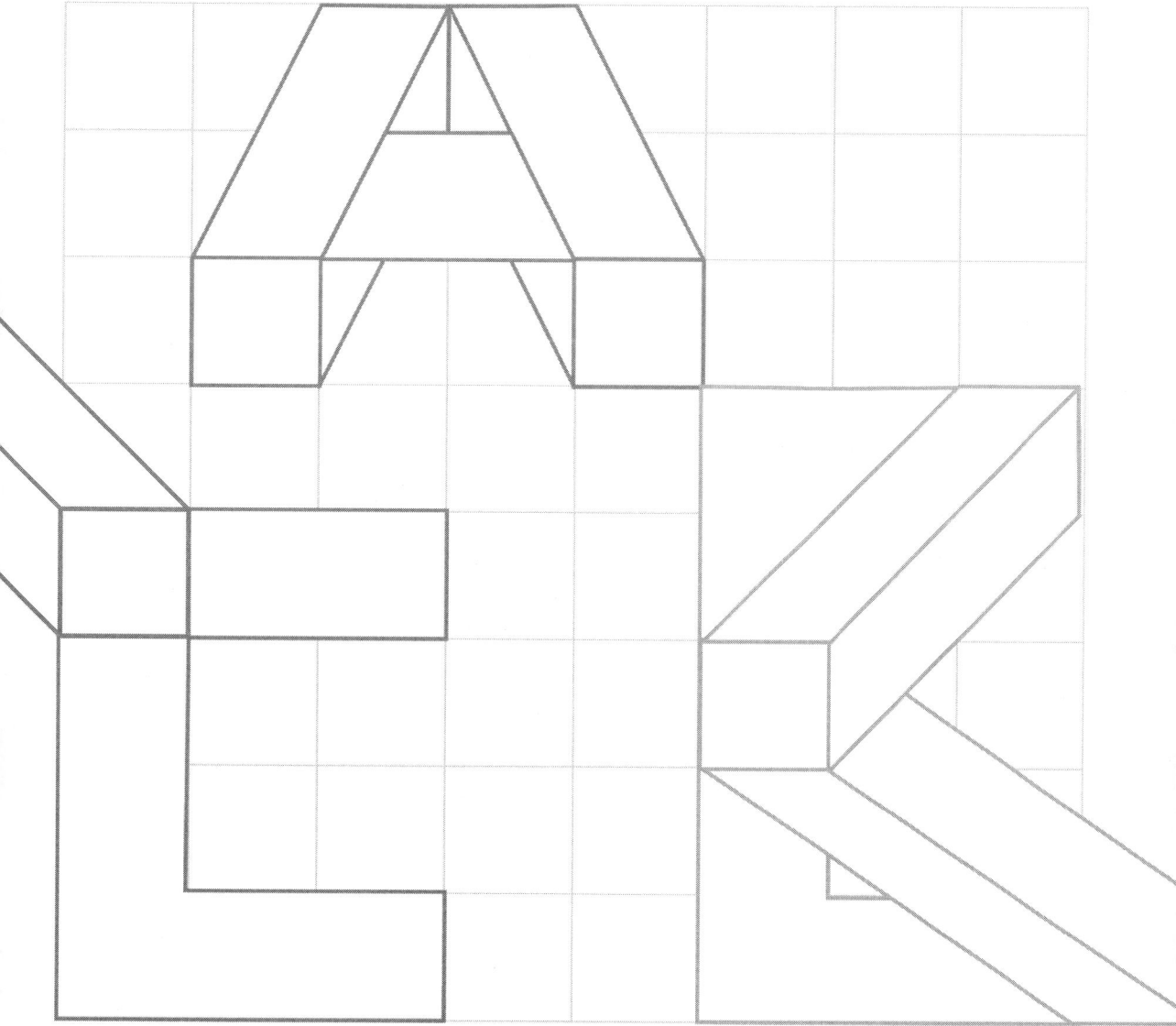

머 리 말

    1982년 학부를 졸업한 이후 22년 동안 고등학교에서 학생들을 가르치면서 현장 영어교육의 실상을 체험했습니다. 이후 10여 년의 석사, 박사 과정을 마치고 2005년부터 모교인 영어교육과에서 제자이자 후배들을 가르치게 되었고, 초급영작문을 필두로 20여 년 동안 영어교육공학, 영미문화, 영어교육과정론, 영어교육평가론, 영어교육론을 포함한 여러 강좌를 담당하였지요. 그 과정에서 많이 아쉬웠던 것은 영어교육과 관련된 여러 개념을 설명하는 각종 교재들이 다소 추상적이고 학부 학생들이 이해하기 어렵게 서술하고 있다는 점이었습니다.

    이 책은 최근 6년 동안 임용고사에 출제되었던 문제들 중 영어교육론과 영어교육평가론과 관련된 문제를 중심으로 시험에서 다루고 있는 개념들을 이해하기 쉽게 풀이한 것으로 40년에 걸친 영어교육 이론과 실제 경험의 산물이라 할 수 있습니다. 가능한 한 쉽게 쓰려고 애를 썼지만 그렇지 못한 부분도 있을 수 있고, 세심히 살펴본다고 했지만 혹시나 오류가 있을 수도 있지요. 그런 경우, 이메일로 연락해 주시면 곧바로 답변을 드리도록 하겠습니다. 끝으로 이 책의 출판을 흔쾌히 수락해주신 도서출판 보성의 박상규 사장님께 감사드리며, 이 책을 읽는 여러분들 모두의 임용고사 준비에 조금이나마 도움이 되었으면 좋겠습니다.

2024년 12월 15일
송해성(seastargo@hanmail.net)

차 례

제 1 부　영어교육론

01. 언어 입력 ··· 3
02. 학습 전략: 듣기 ··· 15
03. 화용론 ·· 24
04. 과업 난이도 ·· 32
05. 과잉 일반화와 퇴행 ·· 45
06. 기능통합 접근법 ·· 54
07. 학습 전략 ·· 60
08. 언어 조정 ·· 72
09. 피드백 유형 ·· 78
10. 독해 전략 ·· 97
11. 교과서 개작 ·· 110
12. 문화간 언어 학습 ·· 120

제 2 부　　영어교육평가론

13. 평가 도구의 요건: 타당성, 신뢰성, 실용성 ·················· 127
14. 평가 문항 분석 ··· 135
15. 컴퓨터 적응 시험 ··· 146
16. 선다형 문항 제작 ··· 149
17. 시험의 역류 효과 ··· 161
18. 쓰기 평가 문항 제작 ·· 173
19. 채점자 신뢰도 ··· 187
20. 듣기 평가 문항 제작 ·· 198
21. 말하기 평가: 진정성 ·· 206

참 고 문 헌 ·· 215

제1부
영어교육론

1. 언어 입력

◆ 입력(input)은 언어 습득의 유일한 원천(the sole cause)인가요?

☞ Krashen(1985)이 입력 가설(input hypothesis)을 주창할 때만 해도 이 질문에 대한 답은 "Yes."이었겠지요. 하지만 이후 여러 연구들이 축적되면서 이 주장은 상당히 많이 약화되었습니다. 아이가 언어 입력에 노출된다고 하더라도 그 언어 입력 모두를 아이가 흡수하는 것은 아니라는 것이지요. 이에 입력과 구별하기 위해 흡입(intake)라는 개념이 탄생하였습니다. 이제 이 두 가지 용어의 차이에 대해 알아봅시다.

1) 입력(input)과 흡입(intake)

아이가 모국어(언어)를 습득하기 위해서는 당연히 자신의 모국어에 노출되어야 합니다. 아이는 출생 후 자신의 부모를 포함하여 주변 사람들을 통해 언어를 접하게 되지요. 이렇게 아이가 언어에 접하게 되는 것을 '언어에 노출된다(exposed)'고 합니다. 물론 시간이 지나면서 점차 문자 언어(written language)에 노출되기도 하지만 언어 습득의 초기에는 음성 언어(spoken language)에 대한 노출이 압도적이지요. 자, 이렇게 아이에게 노출된 언어를 입력(input)이라고 합니다. 정리하면, 아이가 언어를 습득하기 위해서는 언어에 노출되어야, 다시 말해 언어 입력이 있어야 함을 알 수 있습니다. 이러한 생각은 Krashen(1982, 1985)에 의해 **입력 가설(input hypothesis)**로 체계화되었는데 이 가설은 '언어 습득에 있어서 언어 입력의 중요성'을 강조한 것입니다.

그렇다면 아이는 입력된 언어를 얼마만큼이나 자신의 것으로 받아들일까요?

여기서 '받아들인다'는 말은 자신이 들은 말의 의미를 기억하고(remember), 그 말을 이루고 있는 어휘들 각각의 소리나 연결 관계(문법)를 기존 자신의 지식 구조 내에 **포섭시키며(subsume)**, 결과적으로 그 말의 음운론적, 통사론적, 화용론적 **전체를 내재화한다는(internalize)** 것입니다(Gass & Selinker, 2001). 이러한 '기억-포섭-내재화' 과정이 없다면 자신이 받은 언어 입력을 자기 것으로 만들지 못할 것이고 결과적으로 유사한 다른 상황에 처했을 경우 그 표현(언어 입력)을 적절하게 구사하지 못하겠지요. 이렇게 '기억-포섭-내재화'되는 과정을 간단히 '**흡입(intake)**'이라고 합니다.

참고로, 아이들의 언어 발달 과정을 관찰해보면 엄마를 포함한 주변 사람들의 말을 그대로 따라하는 경우가 흔히 있습니다. 발화의 길이나 어휘의 난이도 또는 어휘들 간 연결 관계의 복잡성을 달리 하여 말해주더라도 아이는 곧잘 따라하지요. 어떤 경우에는 어휘는 물론이고 전체적인 억양까지 어디 하나 흠 잡을 데 없이 훌륭합니다. 이렇게 주변 사람들의 발화를 그대로 따라하는 것을 **에코잉(echoing)**이라고 하는데, 이것은 "언어 습득의 초기 단계에서, 특히 발음이나 억양 등 음운론적인 부분을 습득하는 단계에서 대부분의 아이들이 구사하는 전략 중 하나입니다(Brown, 2014, pp. 42-43)". 아이가 자신의 언어를 발달시키기 위한 방법인 것이지요. 자, 그렇다면 어떤 아이가 주변의 어른이 하는 말을 듣고 이를 잘 따라했다고 해서 아이가 그 말(표현)을 '흡입(intake)'했다고 할 수 있을까요?

우리가 영어 듣기 연습을 할 때 가장 큰 어려움 중 하나는 바로 연속적으로 들려오는(그것도 빠른 속도로) 소리들을 비연속적인 어휘들로 구분하고 이를 다시 하나로 합하여 전체적인 의미를 파악하는 것입니다. 만일 이러한 '구분-종합-의미 파악'의 어느 한 부분이라도 원활하게 이루어지지 못할 경우, 그것은 무의미한 소리의 연속, 다시 말해 하나의 소음(noise)에 불과하겠지요. 그러므로 아이에게 주어지는 언어 입력이 아무 의미 없는 소음이 아니라 대화 참여자(예컨대 아이와 엄마) 간 어떤 의미를 주고받는 상호작용 수단으로서의 역할을 하려면 언어 입력에 대한 아이의 이해를 도와줄 수 있는 모종의 배려가 필요합니다. 예컨대, 언어 입력을 단순화시키거나(simplify) 말의 속도를 천천히 하는(deliver at a slower pace) 것이지요. 대부분의 부모들은 아이와 소통할 때 이러한 일을 아주 자연스럽게 합니다. 바로 이렇게 수정된 발화(modified speech)야말로 아이의 언어 발달을 촉진하지요(이와 관련하여 'motherese'라는 용어도 있습니다).

다시 앞서의 질문으로 돌아가서, 아이가 말을 잘 따라했다고 해서 그 말의 의미를 이해했거나 또는 그 표현을 내재화했다고 할 수는 없습니다. 단지 들은 말에서 겉으로 두드러지게 드러난 부분, 그러니까 발음이나 억양과 같은 표면적인 구조(surface-structure)만 되풀이(모방)한 것이지요(Brown, 2014). 영어를 외국어로 학습하는 우리나라 학습자들(EFL learners)에게 있어서 영어 듣기 실력을 향상시키는 방법 중 하나로 에코잉(echoing) 기법이 많이 사용되고 있는데, 이는 영어 화자의 말이 끝나자마자 곧바로 들은 그대로 따라하는 것으로서 이 기법의 목적은 학습자가 영어 표현의 표면 구조인 발음이나 억양에 익숙해지도록 하기 위한 것입니다. 이렇게 우리 말과는 다른 언어(영어)의 표면 구조에 익숙해지게 되면 이를 바탕으로 의미 파악에 보다 집중할 수 있지요(참고로, 듣자 마자 곧바로 따라하는 기법은 '**섀도윙(shadowing)**'이라고 합니다). 결론적으로 아이는 '에코잉'한 것이지 '흡입'한 것이 아닙니다.

2) 의미 협상(meaning negotiation)과 상호작용(interaction)

지금까지 입력(input)과 흡입(intake)의 차이에 대해 살펴보았으며, 아울러 입력이 학습자에게 흡입으로 전환되려면 무엇인가 어떤 배려가 필요하다는 것도 알게 되었습니다. 결국, 언어 습득에 있어서 '입력(input)'은 분명히 필요하지만 그것만으로는 충분하지 않다는 결론에 이르게 되지요. 그렇다면 입력이 '흡입(intake)'으로 전환되게 하려면 무엇이 더해져야 하는 것일까요?

이에 대한 답은 Long(1985)에게서 찾을 수 있습니다. 우리가 외국인과 영어로 소통할 때 외국인이 하는 말을 온전히 이해하지 못했을 경우 어떻게 하나요? 방금 한 그 말을 다시 말해달라고 하든지 또는 명확하지 못한 부분에 대해 질문을 할 것입니다. 그러한 과정에서 잘 이해하지 못한 부분을 보완할 수 있지요. 이렇게 청자(listener)가 화자(speaker)에게 질문을 하거나 자신이 이해한 내용을 확인하기 위해 되묻는 과정을 Long(1985)은 '**의미 협상(negotiation of meaning)**'이라고 하였습니다. 의미 협상이란 바로 대화 참여자 간의 상호작용에서 자연스럽게 나타나는 과정 전체를 지칭하는 개념이지요. 이러한 의미 협상, 즉 상호작용이 있을 때의 입력이야말로 언어 학습자에게 가장 효과적으로 흡입되고 학습자가 갖고 있는 언어 체계 속에 내재화될 가능성을 높여 결과적으로 학습자의 의사소통 능력이 신장된다고 주장하였는데, 이를 **상호작용 가설(interaction hypothesis)** 이라고 하지요(Brown & Lee, 2015). 언어 습득에 있어서 상호작용의 중요성이 부각되면서 입력을 최우선시하는 경향(the primacy of input)은 약화되었습니다.

입력 가설의 타당성, 다시 말해 입력만 있으면 언어 습득이 가능한 것인가에 대한 논란, 그리고 곧바로 대두된 상호작용 가설로 인해 언어학자들은 효과적인 언어 입력에 대해 주목하기 시작했습니다. 다시 말해, 언어 학습자에게 노출되는 언어 입력이 학습자에게 가장 효과적으로 작용하게 하려면 무엇을, 어떻게 해야 하는가 하는 것이지요. 사실, 다른 사람과의 상호작용을 위해 우리가 사용하는 언어에는 다양한 측면이 있습니다. 예컨대, 발음과 같은 **음운론적** 측면, 어휘들의 연결 체계와 같은 **통사적**(문법) 측면, 그리고 당연한 것이지만 **의미론적** 측면, 아울러 대화가 이루어지는 맥락(대화 상황 또는 대화 참여자 간의 관계)에 따른 **화용론적** 측면 등이 그것이지요. 그렇다면 학습자는 자신에게 제공된 언어 입력을 통해 어떤 측면을 주목할까요? 또한 그 정도는 얼마나 될까요?

이 질문에 답하기 전에 지금까지의 연구를 통해 밝혀진 효과적인 입력 방법은 무엇인지 살펴보도록 하겠습니다.

3) 효과적인 입력(effective input): 입력 강화(input enhancement)

언어 입력이 학습자에게 단지 소음 이상의 무엇인가가 되게 하려면 학습자가 그 입력에 대해 주목할 수 있도록 해야 한다는 것입니다. 주목한다는 것은 학습자가 입력의 어떤 특징에 의식적으로 주목하여 그것을 알아차리는 것을 가리키는데, 이러한 의식적인 **주목하기(noticing)** 과정이야말로 언어 입력이 흡입(intake)으로 전환되는 데 도움을 준다는 것이지요. 결과적으로 흡입은 학습자가 언어 입력을 자신의 단기 기억에 저장하고 이를 자신이 가진 기존의 언어 발달 체계에 포섭 또는 수용하는 것입니다(Thornbury, 2006).

이와 같이 언어 입력이 흡입으로 전환되도록 돕기 위해 입력의 어떤 특징에 학습자가 주목하도록 도와주는 것을 '**의식 고양(consciousness-raising)**'이라 하는데 여기에는 소위 '**입력 강화(input enhancement)**'라고 하는 여러 기법들이 포함됩니다(Sharwood-Smith, 1991, 1993). 예를 들어볼까요?

> Once upon a time there was a king. **He** had a beautiful young daughter. For **her** birthday, the king gave **her** a golden ball that **she** played with every day. The king and **his** daughter lived near a dark forest ... (Doughty & Williams, 1998)

위 지문은 옛날 어떤 왕과 그의 아름다운 딸에 관한 이야기의 첫머리입니다. 언어 학습자는 글을 읽어가는 동안 3인칭 대명사(He, her, her, she, his)에 자연스럽게 주목하게 됩니다. 왜냐하면 굵은 글씨에 밑줄까지 그어져 있으니까요. 그리고 그러한 특징을 가진 형태가 지문 내내 계속 이어집니다. 결과적으로 학습자는 연속되는 인칭 대명사 입력에 노출되고 의미를 파악하는 과정 속에서 그러한 형태에 자연스럽게 주목하게 되며 그것의 의미와 기능 또는 용도를 깨닫게 됩니다. 언어 입력이 단순히 입력에 그치지 않고 흡입(intake)될 수 있도록 돕고(촉진하고) 있는 것이지요. 입력 강화란 이와 같이 강조하기(highlighting), 밑줄 긋기(underlining), 색칠하기(coloring) 또는 다른 글자체(a different font) 사용하기 등의 방법을 통해 학습시키고자 하는 언어 항목(위 예시에서는 3인칭 대명사)에 어떤 표시를 해주는 것입니다(Nunan, 2003a). 입력 강화를 '**입력 홍수(input flood)**'라고 부르기도 하는데, 이는 그러한 특징적인 형태가 하나의 텍스트 안에서 여러 차례 반복된다는 뜻입니다. 물론 입력 강화나 입력 홍수에 문제점이 없는 것은 아니지요. 이를테면 이러한 방식은 어떤 면에서 보면 다소 인위적입니다. 자연스럽지 못하다는 뜻이지요. 강조하거나 밑줄을 긋는 것과 같은 입력 강화 방식은 교수학습이 이루어지는 교실 상황에서 이루어질 가능성이 높습니다. 다시 말해 언어를 통한 소통이 자연스럽게 이루어지는 상황이라면 그러한 입력 강화 방식이 동원될 개연성은 별로 없다는 것이지요. 그런 점에서 **진정성(authenticity)**을 강조하는 학자들로부터 인위적으로 수정된(artificially modified) 입력이라는 비판은 받고 있습니다.

4) 언어 입력의 현저성(salience)

지금까지 입력과 흡입과 관련하여 제기된 여러 가지 개념과 용어들을 살펴보았습니다. 다시 앞의 질문으로 돌아가서, 학습자는 언어 입력의 어떤 측면을 얼마나 흡입할까요? 현재까지의 대답은 지각된 '언어의 파편(only a fraction of language)', 즉 일부만 흡입한다는 것입니다(Brown, 2014). 앞서 지적한 바와 같이 언어의 음운론적, 통사론적, 의미론적, 화용론적 및 기타 여러 요소들 중에서 학습자는 일부 측면만, 그것도 온전히 100%가 아니라 학습자 개인에 따라 흡입되는 정도는 매우 다르게 나타난다는 것입니다. 흡입되는 요소와 정도는 학습자에 따라, 다시 말해 학습자의 연령(age)이나 학습자가 그 언어에 대해 갖고 있는 **능숙도(proficiency)** 수준에 따라 다양한 스펙트럼을 보이겠지요. 사정이 이렇다면 학습자의 흡입을 최대화하려면 어떻게 해야 할까요?

이에 대한 대답은 한마디로 명쾌하게 답하기가 어렵습니다. 그 이유는 언어 입력이 제시되는 상황과 관련된 다음 질문들을 떠올려보면 알 수 있습니다. 학습자의 주의력(attention)은 얼마나 높을까요? 학습자의 **인지 유형(cognitive style)**은 무엇인가요? 학습자의 **정의적 성향(affective disposition)**이나 기질은 어떻게 되나요? 학습자는 일반적으로 무엇에 관심을 갖고 있나요? 학습자의 모국어(제1언어)는 무엇이고 모국어 전이나 제2언어 전이 및 보편 문법상의 제약과 같은 언어학적 요인은 어떻게 되나요? 학습자의 흡입과 연관된 이러한 여러 요인들이 서로 복잡하게 얽혀 있기 때문에 흡입의 최대화에 대한 일률적인 답을 내놓기는 애당초 불가능한 일일 것입니다.

또 다른 요인인 입력 **빈도(frequency)**와 관련된 질문도 고려할 필요가 있습니다. 예컨대, 학습자는 특정 언어 형태에 얼마나 많이 노출되어야 할까요? 하나의 형태를 내재화하는 데 있어 빈도는 얼마나 중요할까요? 언어 형태가 가진 기능적 측면은 빈도와 어떤 관련이 있을까요?

이러한 질문에 대한 한 가지 대답으로 언어학자들은 **유형(type)**과 **토큰(token)**을 구별하고 있습니다. 유형은 일정한 언어 기능을 가진 다양한 언어 형태의 부류를 하나로 통칭하는 개념이고, 토큰은 그 개념에 포함된 개별 언어 형태를 가리킵니다. 예컨대, 우리는 아는 친구들과 만났을 때 "Hello", "What's happening?", "How's it going?" 등 상황 맥락에 따라 다양한 언어 **형태(form)**을 사용합니다. 이렇게 우리가 구사하는 언어 형태는 제각각 다르지만 그것들 모두가 나타내는 언어 **기능(function)**은 상대방을 반갑게 맞는 역할을 하지요. 그래서 언어학자들은 이들 모두의 언어 기능을 '인사하기(greetings)'로 범주화합니다. 이렇게 하면 다양한 언어 표현들을 하나의 유형(type)이나 부류(class)로 묶을 수 있지요. 그러니까 '인사하기'는 유형(type) 또는 부류(class)이며, 그러한 유형(type)에 속하는 하나하나의 언어 형태(form)는 토큰(token)입니다.

연구에 따르면 음운론적(phonological), 형태론적(morphological), 통사론적(syntactic) 규칙에 대한 학습은 개별 토큰보다는 그러한 개별 토큰이 공통적으로 나타내는 기능, 즉 유형에 더 큰 영향을 받는다고 합니다(Bybee & Hopper,

2001). 이러한 주장은 인간이 가진 심리적 특성에 근거를 두고 있지요. 이에 대해 상술하면, 특정 상황 맥락에서 학습자가 특정 형태, 즉 토큰(token)에 자주 노출되었을 때, 학습자들은 그 상황 맥락에서 사용된 특정 형태(토큰 token)가 구체적으로 무엇이었느냐를 기억하려면 기억해야 할 것이 매우 많아 **인지적 부하(cognitive load)**가 커지겠지요. 따라서 그러한 토큰들이 공통적으로 나타내는 언어 기능, 즉 유형(type)을 기억하는 것이 기억 부담을 줄이는 효과적인 방법일 것입니다.

예컨대, 학습자 A가 거리에서 어떤 사람 B와 마주쳤는데 그 사람이 살짝 웃으면서 "Hello"라고 인사를 건넵니다. 다시 길을 걷다가 이번에는 아는 사람 C를 만났는데 그가 "What's happening?"라고 말을 건네오네요. 그러다가 친구 D와 함께 커피나 마시자고 전화를 걸었는데 수화기 너머로 반갑게 "How's it going?"이라는 말이 들려옵니다. 자, 이 세 가지 상황에서 학습자 A는 어떤 사람 B, 아는 사람 C, 친구 D 등 다양한 사람들로부터 서로 다른 토큰(token)에 노출되었습니다. 이런 경우, 학습자 A의 기억 속에 남아있는 것은 무엇일까요? 이 물음에 대한 학자들의 대답은, 학습자는 서로 다른 인사 방법, 즉 개별 토큰은 잘 기억하지 못하고 그 모두를 포괄할 수 있는 일반적 범주(general category), 즉 유형(type)이 기억에 남는다는 것입니다. 이렇게 기억에 남아 있는 것이 최종적으로 학습되는, 즉 내재화되는(Bybee & Thompson, 2000) 것이지요.

입력과 관련하여 제기된 또 하나의 요인은 언어 형태의 **현저성(salience)** 개념입니다. 학습자가 특정 언어 형태에 보다 많이, 그리고 자주 노출되었을 경우, 노출 빈도가 적은 형태보다 일찍 습득하게 될 것임은 당연하겠지요. 그런데 그와는 반대의 경우, 다시 말해 노출 빈도가 적은 언어 형태임에도 불구하고 학습자가 보다 일찍 습득하는 경우도 상당히 많습니다. 아이를 키워본 부모라면 "우리 아이가 어떤 말을 딱 한 번 들었는데(노출되었는데) 그것을 기억하였다가 유사한 상황에서 그 말을 하더라"는 경험을 꽤 많이 하게 되지요. 어떤 언어 형태나 유형에 대한 **학습가능성(learnability)**은 학습자가 그 언어 형태나 유형에 얼마나 많은 중요성을 부여하느냐와 관련이 있습니다. 특정 언어 형태나 유형에 노출될 때 학습자가 매우 깊은 인상을 받았다면 그 형태나 유형은 학습자의 뇌리에 깊이 각인될 것이며, 이럴 경우 해당 형태나 유형의 노출 빈도가 적다는 약점은 쉽게 극복되지요. 인간이 가진 이러한 심리적 속성을 근거로 하여 Ellis(2006)는 **현저성(salience)**이야말로 학습자의 **선택적 주의(selective attention)**나 예상(expectation)과 함께 입력이 습득에 미치는 요인이라고 주장합니다.

현저성 개념을 활용하면, 우리나라 사람들이 영어를 학습하면서 겪는 어려움, 예컨대 주어가 3인칭 단수 현재일 때 동사에 –s를 붙이거나 과거의 상황을 이야기할 때 규칙동사에 –ed를 붙이는 일을 잘 하지 못하는 까닭을 잘 이해할 수 있습니다. –s 또는 –ed와 같이 문법적인 기능을 나타내는 형태는 학습자가 전달하고자 하는 전체 문장의 의미나 담화 맥락에서 별로 중요하지 않은 요소입니다. 다시 말해 현저성이 낮은 부분이지요. 예를 들어 "Tomorrow I go to the store"라는 말을 했다고 합시다. 통사적인 측면에서 will을 빠뜨렸으므로 학습자는 문법적 오류를 범하고 있습니다. 이 학습자는 미래 상황을 표현할 때 동사 앞에 조동사 will을 넣어야 한다는 통사 규칙을 모르는 것일까요? 물론 그럴 수도 있습니다. 하지만 알고 있는데도 그렇다면 이러한 현상을 어떻게 설명할 수 있을까요? 이것은 현저성(salience) 개념으로 쉽게 설명할 수 있습니다. 이 표현에서 학습자는 문장 전체의 의미를 지배하는 부사 tomorrow에 가장 중요하다고 생각하며 동사 go의 굴절 즉 will go라고 해야 한다는 점은 그 중요성을 크게 인식하지 못하고 있습니다. 다시 말해, 부사 tomorrow의 언어적 현저성은 매우 높지만 동사 go의 굴절의 현저성은 그보다 낮은 것이지요. 결국 학습자는 현저성이 높은 항목에 몰두한 나머지 낮은 현저성으로 인식된 항목에는 주의를 깊이 기울이지 못하였고 그것이 오류를 범하게 된 이유라 설명할 수 있습니다(Brown, 2014).

이제 현저성(salience)과 관련된 2024학년도 중등 임용고사(영어) 2교시 전공A의 2번 문항을 살펴보도록 하지요.

1. Read the conversation and follow the directions. [2 points]

T1: Hi, Mr. Lee. What are you reading?

T2: Oh, hello. It's a book about the role of input in language acquisition. It's quite fascinating.

T1: What does it say?

T2: Well, it introduces some empirical studies on the effects of _____ in language development.

T1: Oh, I think I heard that term before. Can you remind me?

T2: The term is defined as how prominent or easy a certain input is to hear or read compared to other features around it.

T1: I see. So, it means the ability of a stimulus to stand out from the rest of the input.

T2: Exactly. Some features that are more prominent or easier may be more noticeable and will attract attention from learners.

T1: During classroom interaction, I always try to highlight the keywords or phrases in various ways, and it means that I've been doing things correctly.

T2: Yeah, you're doing great. This book also says teachers need to increase the frequency of exposure because when students encounter certain words and phrases more often, they tend to notice them more effectively.

T1: I understand. I guess it's also because of the functions of salience.

T2: You're right. The more frequently specific vocabulary and grammatical patterns appear, the more likely they facilitate noticing and detection. So, it's not just about teaching a wide range of vocabulary and complex grammar rules but also ensuring students encounter them regularly.

T1: Sounds good to me.

Fill in the blank with the ONE most appropriate word from the conversation.

제시된 대화 내용을 살펴보면, 언어 습득에서 언어 입력의 역할에 관한 책을 읽고 있는 교사(T2)에게 다른 교사(T1)가 관심을 보이면서 무슨 내용인지 묻고 있습니다. 교사(T2)는 언어 발달에 있어서 이것(빈칸)의 역할에 관한 내용이라고 응답하지요. 교사(T1)는 그 용어를 들어본 적이 있다며 상기시켜 달라고, 즉 설명해 달라고 요청하자 교사(T2)는 이 용어는 특정 입력이 그 주변의 다른 특징들과 비교하여 얼마나 두드러져 보이는지 또는 얼마나 쉬운지(how prominent or easy)를 나타내는 것이라고 설명합니다. 다시 말하면, 어떤 (언어) 자극이 그 입력의 나머지 부분과 구별되는(to stand out) 정도를 가리키는 용어라는 것이지요. 보다 두드러져 보이거나 눈에 띄기 쉬운 특징들은 학습자들의 주의를 더 잘 끌어들이게 마련입니다.

  교사(T1)는 이러한 효과를 얻기 위해 자신은 교실 내에서 학생들과 상호작용하는 동안 핵심 어휘나 구를 다양한 방법으로 강조한다고 말합니다. 교사(T2)는 잘했다고 격려하면서 학생들이 특정 어휘나 구를 보다 자주 접하게 되면 더 효과적으로 주목하는 경향이 있기 때문에 교사는 노출 빈도(the frequency of exposure)를 증가시킬 필요가 있다고 말하지요. 이에 교사(T1)는 그것이 바로 현저성(salience)의 기능 때문이라고 말합니다. 이에 특정 어휘나 문법 패턴이 보다 자주 등장하면, 주목하기(noticing)나 탐지(detection)가 더 용이해질 가능성이 높아지겠지요. 그러므로 다양한 어휘와 복잡한 문법 규칙을 가르치는 것뿐만 아니라 그러한 것들을 규칙적으로 접하도록 해야 한다고 합니다.

  이 문제에서 두 명의 교사가 논의하고 있는 핵심 키워드는 '언어 입력(input)'입니다. 갓 태어난 아이는 부모를 포함한 주위 사람들이 구사하는 언어에 노출되면서 언어 입력이 이루어지지요. 처음에는 자신에게 들려오는 모든 언어 입력이 무슨 뜻인지 전혀 이해할 수 없는 일종의 '소음(noise)'이겠지만(Thornbury, 2006), 비슷한 맥락의 상황이 계속 되풀이되는 가운데 아이는 어떤 특징적인 실마리를 포착하게 되고 이를 통해 결국 자신에게 주어지는 언어 입력이 무엇을 지칭하는지, 무슨 의도로 말하는 것이지 조금씩 깨닫게 됩니다. 주어진 언어 입력에서 그러한 특징적인 실마리를 포착하는 과정에는 아이의 주목하기(noticing)가 개입되게 되며, 이러한 주목하기 과정을 통해 언어 입력은 아이의 인지 속에 '흡입(intake)'되지요. 결국, 언어 습득이란 아이가 자신에게 주어진 언어 입력을 흡입으로 전환해가는 과정이라고 할 수 있습니다.

이러한 전환 과정을 살펴보면, 언어 습득에 있어서 언어 입력(input)은 매우 중요한 역할을 합니다. 언어 입력이 없다면 습득이 일어날 수 없으니까요. 언어 입력의 중요성은 Stephen Krashen(1982, 1985)에 의해 체계화되었습니다. 그가 주장한 입력 가설(input hypothesis)에 의하면, 학습자는 **이해가능한 입력(comprehensible input)**을 통해 언어를 습득하는데, 이해가능한 입력이란 학습자가 가진 현재의 이해 수준보다 한 단계 높은 구조를 포함하는 입력을 가리키지요. 만일 학습자에게 주어지는 입력이 똑같은 수준의 구조로만 되어 있다면 더 이상의 발전을 기대하기 어려울 것입니다. 새로운 어휘나 구조가 포함된 입력에 대해 학습자는 자신이 이미 이해하고 있는 기존의 어휘나 구조를 바탕으로 상황 맥락을 종합하여 그 새로운 어휘나 구조의 의미를 추리하려고 노력하지요. Krashen은 이해가능한 입력을 이라 $i+1$로 표현했는데, i는 학습자의 현재 수준이며 +1은 한 단계 높은 수준을 나타냅니다.

정답 ☞ salience

2. 학습 전략: 듣기

◆ 학습 전략이 필요한 까닭은 무엇인가요?

☞ 전략(strategy)이란 원래 군사 분야에서 사용되는 낱말로서 '특정 목표를 효과적으로 수행하기 위한 행동 계획'을 가리킵니다. 이것이 다른 분야로 확산되면서 교육 분야에서도 교수 전략 또는 학습 전략 등의 용어가 생겨났지요. 따라서 교수 전략이란 '가르침'이라는 목표, 학습 전략이란 '배움'이라는 목표를 효과적으로 달성하기 위한 구체적인 실행 계획이라고 할 수 있지요. 상황과 처지에 따라 다르기는 하겠지만 누구나 자신이 가진 자원(시간 또는 자본 등)은 한정되어 있기 때문에 이러한 자원을 보다 효과적으로 또는 효율적으로 활용함으로써 최대한의 성과를 얻고자 애를 씁니다. 바로 이러한 노력의 산물로 탄생한 것이 전략이라고 하겠습니다.

1) 학습 전략(learning strategy)

학습 전략(learning strategy)이란 "새로운 정보나 기능을 흡수하고, 처리하며, 파지하기 위해 개인이 습관적으로 선호하는 타고난 방법(an individual's natural habitual, and preferred ways of absorbing, processing, and retaining new information and skills)" (Christison, 2003, p. 268)이라 할 수 있습니다. 학습 전략이 영어교육에서 중요한 화두로 떠오르게 된 것은 1960년대 후반부터 70년대 후반까지 활발하게 일어났던 **교수법(method)** 논쟁이 '누구에게나 항상 들어맞는 단 하나의 성공적인 교수법은 존재하지 않는다'는 것으로 마무리된 80년대 이후입니다. Earl Stevick(1997)은 **청화식 교수법(audiolingual method)**과 **인지적 학습법(cognitive code learning)**을 비교하면서 다음과 같이 말했지요.

How is it that two methods based on radically different assumptions about the nature of language and learning could be successful or unsuccessful, as the case my be? (Stevick, 1997)

청화식 교수법과 인지적 학습법은 언어의 본질에 대한 관점(언어관)이나 학습이 이루어지는 과정을 바라보는 관점(학습관)이 전혀 다릅니다. 그럼에도 불구하고 그러한 교수법을 적용했을 때, 각각의 교수법을 통해 언어를 성공적으로 배우는 사람도 있고 그렇지 못한 사람도 있습니다. 그러므로 어느 한 가지 교수법을 놓고 이것은 성공적인 교수법 또는 실패하는 교수법이라 말할 수 없다는 것이지요. 이는 다른 교수법에도 적용될 수 있으며 따라서 성공적인 교수법에 대한 논쟁은 별로 생산적이지 못하다는 것입니다.

교수법 논쟁이 일단락된 이후 학자들은 언어 학습에서의 성공이 교수법에 의해 좌우되는 것이 아니라면, 다시 말해 어떤 교수법을 사용하든지 학습을 성공적으로 이루어내는 학습자가 존재한다면, 그러한 성공적인 학습자는 어떤 비법(?)을 갖고 있을까? 하는 점에 주목하게 되었습니다. 이로부터 성공적인 학습자들이 공통적으로 갖고 있는 비법, 즉 학습 전략들을 찾아내기 시작했지요. 영어교육의 주된 관심은 이제 교수법에서 성공적인 학습자가 구사하는 학습 전략으로 전환되었는데, Rubin과 Thompson(1982)은 성공적인 학습자의 특징을 다음과 같이 다섯 가지로 요약하였습니다.

1. 자신의 학습에 책임을 지며 (학습 중인) 언어를 사용할 기회를 찾는다.
   Take charge of their own learning, seeking out opportunities to use the language.
2. 언어를 창의적으로 실험하는 데 두려움이 없고 지적인 추측을 한다.
   Are unafraid to creatively experiment with the language and make intelligent guesses.

3. 말뭉치와 대화 상투어구를 배워서 "자신의 능력을 넘어서는" 수행을 할 수 있게 한다.

   Learn chunks of language and conversational gambits to help them perform "beyond their competences."

4. 기억 전략, 표현 요령, 그리고 이해 기법을 다양하게 사용한다.

   Use various memory strategies, production tricks, and comprehension techniques.

5. 스스로를 점검하고 실수가 자신에게 유리하게 작용하도록 하며, 실수를 통해 배운다.

   Monitor themselves, allow errors to work for them, and learn from mistakes.

학습 전략과 관련된 연구는 학습에 있어서의 **개인차(individual difference)**를 의미하는 **학습 유형(learning style)** 또는 **학습자 자율성(learner autonomy)** 연구로 이어졌고, 결국 학습자 스스로 자신의 유형을 깨닫고 다양한 학습 전략들 중 자신에게 적합한 전략을 선택할 수 있도록 도와주고자 하는 **전략 기반 교수법 (strategies-based instruction, SBI)**로 발전하게 됩니다.

이제 학습 전략과 관련된 2024학년도 중등 임용고사(영어) 2교시 전공A의 8번 문항을 살펴보도록 하겠습니다.

8. Read the passages in <A> and <B>, and follow the directions. [4 points]

<A>

Research suggests that L2 learners employ various listening strategies to increase comprehension of what they listen to. These strategies can be classified into two types: local or micro-strategies (Type 1) and global or macro-strategies (Type 2). Below are some specific strategies from each type.

Type 1

1) Identifying cognates
2) Using context to infer the meaning of words
3) Determining to skip unknown words or phrases

Type 2

1) Making predictions about the content based on titles or phrasal cues
2) Informing oneself about the context of the input (e.g., speakers, situations)
3) Recognizing the type of a listening text (e.g., news broadcasts, lectures, business presentations, job interviews)

<B>

In an attempt to improve his students' listening comprehension, Mr. Jung, a middle school English teacher, wanted to identify the strategies that his students apply to their listening process. In order to do so, he played a monologue to his students in class and paused the audio after each segment. He asked the students to think aloud while they were listening.

Below are two of the audio segments Mr. Jung used and what Minji and Dongho, two of his students, were thinking as the audio was being played.

> **Audio Segment 1**
>   I think social media is a waste of time. I'm totally addicted, I have to say. But there really isn't much going on.
>   Minji: Hmm, a waste of time? Maybe he's going to say something negative about using social media.
>
> **Audio Segment 2**
>   I just spend hours just, sort of, checking other people's profiles, looking at their pictures. I don't know, it's a bit sneaky.
>   Dongho: Sneaky? It's a new word. I don't think I need to know its meaning at the moment.
>
> Identify the ONE specific listening strategy from each type in <A> that Minji and Dongho applied to their listening process in <B>, respectively. Then, explain your answers with evidence from <A> and <B>.

　제시문 <A>의 내용을 살펴보면, 제2언어 학습자는 자신이 들은 내용에 대한 이해도를 높이기 위해 다양한 듣기 전략을 활용한다는 점이 연구 결과 밝혀졌다고 합니다. 이러한 전략들은 두 가지 유형으로 분류될 수 있는데, 하나는 **국지적(local)** 또는 미시적 전략(유형 1)이며 다른 하나는 **전체적(global)** 또는 거시적 전략(유형 2)이지요. 각 유형별 구체적인 전략을 몇 가지 살펴보면 다음과 같습니다.

유형 1
1) 유사어(cognates) 식별하기
2) 맥락을 활용하여 단어의 의미를 추론하기
3) 모르는 단어나 구를 건너뛰기로 결정하기

유형 2
1) 제목이나 구 단서를 토대로 내용에 관해 예측하기
2) 입력과 관련된 맥락(화자나 상황 등)에 대해 이해하기
3) 듣기 대본의 종류(뉴스 방송, 강연, 업무용 발표자료, 구직 면접 등) 인식하기

다음으로 제시문 <B>의 내용을 살펴보면, 중학교 영어교사인 정선생님(Mr. Jung)은 학생들의 듣기 능력을 향상시키기 위해 듣기 과정에 적용 가능한 전략들을 학생들이 깨닫도록 해주고 싶어 합니다. 이를 위해 그는 수업 중 독백(a monologue) 형식의 대본을 들려주면서 일정 부분마다 오디오를 잠시 정지시킨 후 듣는 동안 학생들이 어떤 생각을 하였는지 말해보라고(**think aloud**) 하였지요.

다음은 정선생님이 사용한 듣기 대본(the audio segment) 두 가지, 그리고 그가 가르치는 학생인 민지와 동호가 생각했던 내용입니다.

민지는 듣기 대본 1에 나오는 'a waste of time'을 들으면서 이후에 나올 내용은 social media에 대해 부정적인 내용이 나올 것으로 예측합니다. 한편, 동호는 듣기 대본 2에 나오는 'sneaky'를 듣고 의미를 모르는 이 단어는 지금 당장은 몰라도 될 것 같다고 생각합니다.

[Type 1]과 [Type 2]에 대한 보충 설명

제시문 <A>에서는 제2언어 학습자가 구사하는 듣기 전략들 중 여섯 가지를 두 가지 유형으로 구분하고 있습니다. [Type 1]로 분류된 전략들 중 첫 번째 전략에서 유사어(cognates)란 상호 관련이 있는 말을 뜻합니다. 이를테면 ability, skills, competence, capability 등은 각각 약간의 차이는 있지만 '능력'이라는 의미를 서로 공유하고 있어서 글이나 대본의 여기저기에서 되풀이되는 유사어들이지

요. 또한 당연이나 의무를 나타내는 조동사 must, should, have to 등 역시 글이나 대본의 처음이나 중간 혹은 마지막에서 반복됩니다. 이런 유사어들에 주의를 기울이면 글의 저자나 대본의 화자가 무슨 말을 하는지 보다 쉽게 이해할 수 있지요.

☞ 참고로, cognates는 '어원이 같은 말'이라는 의미로서 두 개 이상의 단어가 같은 어원에서 비롯되었을 경우를 가리키기도 합니다. 예를 들면, 영어의 house와 독일어의 haus가 바로 cognates인데 철자는 서로 다르지만 둘 다 '집'이라는 뜻이지요. 한편, He lived a happy life. (그는 행복한 삶을 살았다.)에서 목적어 역할을 하는 명사 life는 동사 live에서 파생된(즉, 어원이 같은) 말입니다. 이런 목적어는 특별히 동족목적어(cognate object)라고 하지요. 예문 하나를 더 들어보자면, He died a miserable death. (그는 비참한 죽음을 맞았다.). 참고로, 동족목적어는 반드시 어원이 같아야만 하는 것은 아니고 의미가 유사해도 동족목적어로 인정합니다. 예컨대, They fought a violent battle. (그들은 난폭한 싸움을 벌였다.)에서와 같이 목적어 battle은 동사 fight 와 어원은 다르지만 동족목적어라고 부르지요.

두 번째 전략에서 맥락을 활용하여 단어의 의미를 추론한다는 것을 이해하기 위해 다음 예를 살펴보도록 합시다.

In ancient Greece, a game was played in which a ball was put on a center line. Each team tried to seize the ball and throw it over the goal of its **adversary**. The Romans used a bigger ball, which they tried to kick over the opponent's goal. This was the beginning of the game of football or soccer. (Spache & Spache, 1982, p. 111)

고대 그리스에서 행해졌던 게임, 그러니까 공을 중앙선에 놓은 후 이 공을 (먼저) 잡아 상대 팀의 골문 위로 던지는 경기를 즐겼다고 하는 짧은 글입니다. 후세의 로마인들은 좀더 큰 공을 사용했는데 그래서 (손으로 잡아) 던지는 대신 발로 차서 상대 팀의 골문을 넘겼다고 하네요. 바로 이것이 오늘날의 미식 축구(American football)나 일반적인 축구(soccer)의 기원이라는 내용입니다. 이 글에서 'over the goal of its **adversary**'는 그 뒤에 이어지는 문장의 'over the opponent's goal'과 서로 연관되어 있음을 알 수 있습니다. 따라서 **adversary**의 의미는 'opponent'와 같은 의미라고 추측할 수 있지요.

세 번째 전략에서 모르는 어휘나 구는 (계속 생각하지 말고 일단) 건너뛴다는 것은, 모르는 어휘를 접했을 때 당황하지 말고 계속 다음으로 넘어가다보면 전후 맥락이 어떤 실마리를 제공해줄 수도 있다는 것입니다. 이것은 앞의 두 번째 전략에서 이미 살펴본 바 있지요.

한편, [Type 2]로 분류된 전략들 중 첫 번째의 예측 전략을 잘 보여주는 예시는 다음과 같습니다(임병빈, 강용구, 연준흠, 유철, 송해성, 2001).

위 예시는 **듣기 전 활동(pre-listening activity)**의 한 가지 예시입니다. 학생들은 그림을 보면서 (my) family, (the) beach, swimming, summer vacation 등의 어구들을 적어볼 수 있겠지요. 이렇게 예측을 통해 생각해본 어구들로 인해 학생들은 이후 대본을 듣게 될 때 그 내용을 더 잘 이해할 수 있게 될 것입니다. 생각나는 어구들을 상호 교환하도록 하면 개별 학생이 가진 어휘 한계를 뛰어넘을 수도 있을 것입니다.

두 번째로, 입력, 즉 듣게 될 내용의 맥락에 대해 조사하기란 누가, 어떤 상황에서 이야기하는 것인지를 (조사하여) 이해하게 되면 말에 담긴 숨은 의도를 보다 잘 알 수 있겠지요. 세 번째 전략으로서, 듣기 대본의 종류가 무엇인지 알고 있으면 그것의 일반적인 특징이나 구조에 대한 지식을 통해 어떤 내용이 어떤 순서로 나오게 될지 미리 예측할 수 있습니다. 이렇게 되면 듣기 대본을 이해하기가 훨씬 용이해지겠지요. 듣기 대본의 종류에 대한 이러한 지식을 **형식 스키마 (formal schema** 또는 **textual schema**)라고 합니다(Long, 1989).

지금까지의 설명을 종합하면, 민지는 <A>에서 제시된 듣기 전략 중 유형 2의 1) 예측 전략을 사용하고 있으며, 동호는 유형 1의 3) 건너뛰기 전략을 사용하고 있음을 알 수 있습니다.

정답 예시 ☞ Minji applied the strategy 'making predictions about the content based on titles or phrasal cues' from Type 2. While listening, she used the phrasal cue 'a waste of time' to predict that the content is going to be about something negative about using social media. Dongho applied the strategy 'determining to skip unknown words or phrases' from Type 1. While listening, he heard the new word 'sneaky' but decided to skip it since he thought that he doesn't need to know its meaning at the moment.

3. 화용론

◆ "I'm busy."는 실제로 바쁘다는 의미로만 사용되나요?

☞ 화용언어학(pragmalinguistics)은 언어의 '내적 의미(illocution)'를 연구하는 분야인데 '내적 의미(illocution)'란 감춰진 의미(hidden meaning), 함축된 의미(implied meaning), 또는 의도된 의미(intended meaning)라고 할 수 있습니다(Brown, 2014). 예를 들어, '잘 한다'라는 말은 항상 칭찬의 의미로만 사용되나요? 그렇지는 않지요. 이 말은 비난하거나 비아냥거릴 때도 흔히 사용됩니다(물론 억양이 약간 달라지기는 하지요). 이처럼 우리가 사용하는 말은 겉으로 나타난 의미도 있지만 어떤 경우에는 속에 감춰진 의미도 있지요. 글자 그대로의 의미를 '언표 외적(locutionary)' 의미, 속에 감춰진 의미를 '언표 내적(illocutionary)' 의미라 합니다.

1) 언표 외적(locutionary) 의미와 언표 내적(illocutionary) 의미

A: "You wanna watch the Disney Channel now?"
B: "I'm busy."

위 대화에서 A의 물음에 대한 B의 응답에는 부정어가 하나도 없지요. 그럼에도 불구하고 B는 A의 제안을 아주 효과적으로 거절하고 있습니다. 만일 B가 보다 직접적인 표현인 "No, I don't."라고 말했다면 분위기가 갑자기 싸~하게 변할 수도 있고, 자칫하면 자신이 퉁명스러운 사람이라는 인상을 줄 수도 있어요. B는 바로 이러한 점을 고려하여 가장 안전한 표현 방식을 택한 것이라고 말할 수 있습니다.

우리의 언어생활을 꼼꼼하게 살펴보면, 다른 사람과의 상호작용에서 위 대화에서 B가 했던 것처럼 여러 가지 사항을 고려하여 사용할 표현 방식을 결정한 후 그에 맞는 어휘를 선택합니다. 모국어 화자는 이러한 결정과 선택을 순간순간 아주 적절하고 능숙하게 하지요. 비원어민 화자가 제2언어나 외국어를 습득함에 있어서 어려움을 느끼는 요인 중 하나는 바로 이러한 화용언어적(pragmalinguistic) 특징 때문입니다.

2) Bachman(1990)의 언표 내적(illocutionary) 능력

Bachman(1990)에 의하면, **의사소통능력(communicative competence)**의 하위 범주로서 **언표 내적 능력(illocutionary competence)**을 포함시키고 있습니다. 이 능력은 화자가 **언어 기능(functions of language)**을 염두에 두면서 표현할 수 있는 능력을 가리키는데, 언어 기능이란 쉽게 말해 언어를 사용하는 목적(purposes)이라 할 수 있지요. 예문을 살펴봅시다.

"I can't find my umbrella!"

위 예문은 겉으로 드러난 형태(form)로만 보면 평서문(declarative sentence)으로서 '우산을 찾을 수 없다'라는 사실적 의미를 나타내고 있습니다(Brown, 2014). 그런데 비가 오는 날 아침, 늦잠으로 인해 식사를 서둘러 마치고 출근 시간에 늦지 않도록 후다닥 현관으로 뛰어나간 남편이 곧바로 높은 톤으로 위와 같이 말했다면, 그 경우에도 사실적 의미를 나타내고 있는 것일까요? 당연히 아니겠지요. 아내에게 우산을 어디에 두었는지 아느냐고 물어보거나(asking) 우산 찾는 것을 도와달라고 요청할(demanding) 목적으로 말했을 것입니다. 위와 같은 상황에서 만일 남편이 아내에게 "Come and find my umbrella!"와 같이 직접적인 표현을 사용했다면, 아내에게 명령한 것이 되므로 아내의 감정을 상하게 할 수 있지요.

모국어 화자들은 대화를 할 때, 그러니까 언어를 사용하여 자신의 의도나 생각을 표현(전달)할 때 자신과 상대방과의 관계, 대화가 이루어지는 상황이나 장소 등과 같은 다양한 맥락(context)을 고려하여 자신의 의도를 나타내는 가장 적절한 방식을 선택하여 표현할 줄 압니다. 어떤 단어를 사용할 것인가? 어떤 순서로 말할 것인가? 말투는 어떠해야 하는가? 목소리의 높이(pitch)는 어떻게 할 것인가? 등이 바로 고려해야 할 선택 사항들입니다. 모국어 화자들은 이러한 선택 사항들을 순간적으로, 자동적으로 선택할 줄 알지요. 그러나 제2언어 습득자 또는 외국어 학습자는 이러한 능력을 갖추기가 쉽지 않습니다.

　그 까닭은 여러 가지가 있는데, 가장 중요한 요인은 학습 방식의 차이 때문입니다. 사실 대화 능력을 기르려면 대화를 많이 나누어보아야 하겠지요. 그래야만 상대방의 입장을 배려하는 법이나 자신의 입장을 분명하고도 적절하게 표현하는 법을 깨닫고 이를 (발달 중인) 자신의 언어에 반영시켜 나가겠지요. 그런데 문제는 대부분의 경우 제2언어 습득자나 외국어 학습자에게 주어진 시간이 많지 않다는 점입니다. 한정된 시간으로는 어휘나 표현의 언표 외적 의미를 학습하는 일도 벅차기 때문에 언표 내적 의미를 파악하는 일은 언감생심이지요. 설사 언표 내적 의미를 파악한다 하더라도 그것이 대화와 상호작용을 통해 습득된 것이 아니고 글자 그대로 암기를 통해 외운 것이기 때문에 원어민과의 실제 대화에서 적절한 타이밍에 사용될 가능성은 거의 없다고 해도 과언이 아니지요.

　이제 화용론과 관련된 중등 임용고사(영어) 2교시 전공B의 1번 문항을 살펴보도록 하겠습니다.

1. Read the teacher's journal and follow the directions. [2 points]

Teacher's Journal

Speech acts are a minimum unit of communication, which I believe are an important aspect of the pragmatic knowledge L2 learners need to learn to avoid unsuccessful communication. My students, for instance, have shown quite a few communication failures over time. When I tried to find out what their failures have in common, I realized they did not recognize the fact that an utterance may have some hidden intended effects on the hearer. Indeed, our communication is _____ in nature in that when we are saying something, we can mean something else.

I recall a couple of examples in particular. One day, in class, I said to my student, "What a wonderful picture you have drawn! I really like it." The student responded, "Oh, you like it? You can have it." In this case, since I made a compliment, I expected a simple thank-you from the student. Beyond my expectation, he seemed to believe that I wanted to own his picture. In a poetry class, I once said to another student of mine, "Would you like to read the poem?" The student replied, "No, I wouldn't." In the second case, I made a request, but the student seemed to think I was asking her to tell me if she was willing or unwilling to read the poem. In both cases, it is apparent that my students misunderstood the _____ acts my utterances performed.

Fill in the blanks with the ONE most appropriate word. Use the SAME word in both blanks.

교사가 쓴 저널 내용을 살펴보면, **화행(speech acts)**은 의사소통의 최소 단위로서 제2언어 학습자가 소통에 실패하지 않으려면 배워야 할 화용론적(pragmatic) 지식의 중요한 양상이라고 생각하고 있습니다. 그러한 예로서, 선생님이 가르치는 학생들은 시간이 지나면서 소통 실패를 꽤 많이 경험하는데, 그러한 실패들의 공통점을 조사해보니 학생들은 어떤 발화의 밑바탕에 숨어 있는(some hidden intended effects) 화자의 의도를 알아차리지 못한다는 점을 발견하지요. 우리가 어떤 말을 하였더라도 실제로는 다른 것을 의미할 수 있다는 점에서 우리의 의사소통은 정말로 _____ 하다는 것입니다.

이에 따른 예시로 두 가지를 들고 있어요. 어느 날 수업 중에 선생님은 어떤 학생에게 "아주 멋진 그림을 그렸구나. 정말 마음에 든다"고 말했습니다. 그러자 그 학생은 "마음에 드세요? 가지세요."라고 응답했지요. 이 경우, 선생님은 칭찬을 한 것이기 때문에 그 학생으로부터 간단히 "감사합니다"란 응답이 나올 것으로 예상했는데, 예상과는 달리 선생님이 그 학생의 그림을 갖고 싶다고 믿는 것 같습니다. 또 하나의 예로서, 시(poetry)를 가르치는 수업 중 한 학생에게 "시를 읽어주겠니?"라고 말했지요. 그런데 그 학생은 "아니오. 읽지 않을래요"라고 응답했습니다. 이 경우에도 선생님은 (읽어달라고) 요청한 것인데 그 학생은 시를 읽을 용의가 있는지 없는지 물어보는 것으로 생각한 것 같아요. 이 두 가지 예시에서 선생님의 학생들은 발화가 수행하는 _____ 행동을 오해하고 있음이 분명합니다.

이상과 같은 내용을 종합해보면, 빈칸에 들어갈 한 단어가 무엇인지는 쉽게 떠오를 수 있을 것입니다.

정답 ☞ illocutionary

☞ 문항의 두 번째 문단에 나오는 사례 두 가지는 Brown(2014, p. 226)에 나오는 예시를 살짝 각색한 것입니다. 원래 내용은 다음과 같지요.

American: What an unusual necklace. It's beautiful!
Samoan: Please take it.

American teacher: Would you like to read?
Russian student: No, I would not.

　남태평양에 있는 섬나라 사모아에 미국인이 도착하여 그곳에 사는 한 원주민을 만났는데, 그의 목에 걸린 목걸이가 지금까지 자신이 보던 것과는 매우 다른 것이었지요. 그래서 예쁘다고 칭찬을 한 것뿐인데 원주민은 미국인이 자신의 목걸이를 갖고 싶다는 의미로 오해한 것이지요. 아마 사모아섬의 원주민 사회에서는 자신이 가진 어떤 것을 다른 사람이 부러워할 때에는 그것을 갖고 싶다는 뜻이 있는 것으로 생각하는 관습이 있나 봅니다. 그렇지 않고서야 이렇게 반응할 리가 없겠지요. 또한 러시아 학생은 "Would you like ~"로 시작되는 표현이 의문문이 아니라 사실은 "~해주세요"라고 요청하는 기능을 갖고 있음을 모르고 있는 것 같습니다. 이러한 사례들을 보면, 언어를 적절히 사용할 줄 안다는 것에는 문화나 관습의 차이도 개재되어 있음을 알 수 있지요.

Brown(2014)은 위와 유사한 화용론적 제약(pragmatic constraints)으로 몇 가지 사례를 더 들고 있습니다.

1. **호칭(address)**: 대화하는 도중 다른 사람을 뭐라고 지칭하느냐 하는 것입니다. 영어 모국어 화자가 독일어를 배울 때 어려워하는 점이 바로 공식적인 "you"와 비공식적인 "you"를 구별한다는 점이지요. 영어에서는 이 두 가지를 구별하지 않지만, 독일어에서는 상대방을 높여 불러야 하는 공식적인 상황에서는 Sie라고 부르지만, 그렇지 않은 경우에는 du라고 부르지요. 그런 점에서 호칭이 매우 복잡한 우리말을 영어 모국어 화자가 완벽히 익힌다는 것은 대단히 어려운 일일 것입니다.

2. **사과하기(apologizing), 칭찬하기(complimenting), 체면 세워주기(face-saving)**: "이 정도는 해야 도리일 것 같아서요."라는 말은 사과하는 말로 적절하다고 할 수 있을까요? 혹시 속마음은 그렇지 않은데 '도리 상' 어

쩔 수 없어서 "이 정도' 한다는 의미가 내포된 것은 아닐까요? 사과하기나 칭찬하기 또는 체면 세워주기와 관련하여 어떤 표현이 그 사회에서 용인될 수 있는지의 여부는 모국어 화자가 아니라면 알아차리기 어려운 부분일 것입니다.

3. **감사 표현하기(Expressing gratitude)**: 감사를 표현하는 방법 또한 문화나 관습에 따라 차이가 있습니다. 예를 들면, 우리나라 일본에서는 손윗사람이나 상급자가 자신을 위해 무엇인가 힘든 일을 하게 되었을 경우 "죄송해요."라고 말하지요. 이는 당연히 감사하다는 말로는 부족하다고 생각하기 때문입니다. 그런데 외국인 교수에게 지도를 받는 학생이 이와 비슷한 상황에서 "I'm sorry."라고 말한다면 이것을 감사 표현으로 받아들일까요?

4. **협동(cooperation) 이끌어내기**: 같은 말이라도 어떻게 말하느냐에 따라서 듣는 사람의 마음을 움직일 수도 있고 그 반대일 수도 있습니다. 예를 들어, 낙엽을 긁어모아야 할 때 "Rake the leaves."라고 직접적인 지시나 명령을 할 때보다 "Don't you think you could rake the leaves?"라고 말할 때 듣는 사람의 자발적인 행동을 이끌어낼 수 있지요. 이렇게 상대의 협동을 이끌어내는 적절한 표현 방식을 익힌다는 것 역시 비원어민에게는 쉽지 않은 일입니다.

5. **정중함(politeness)**: 어디까지가 정중한 것이고 어디까지가 무례한 것인지는 사실 모국어 화자라도 때로는 판단이 쉽지 않습니다. 하물며 외국인이라면 더욱 그렇겠지요. 어떤 부탁을 하면서 "I humbly beg you to consider..."와 같이 말한다면 이는 매우 정중한 표현일 것입니다. 그러나 같은 상황에서 "Oh, sorry."라고 말한다면 친한 사이가 아닐 경우 상대는 매우 불쾌한 기분이 들 수도 있지요. 한편, 우리가 예의 바른 표현 형태로 알고 있는 "Would you please ~"가 항상 그렇지는 않은 것 같습니다. 예를 들어, "Would you please remove your feet?"와 같은 표현은 형식상으로는 예의 바른 표현이지만 사실은 대단히 무례한 표현입니다.

아마 상대방은 이 말을 듣고 발을 옮기면서 얼굴이 붉으락푸르락 변했을 지도 몰라요. 자신도 모르게 실수로 그런 것인데, 그래서 미안한 마음을 이미 가지고 있는데, 화자가 그런 마음은 전혀 배려하지 않고 있는 그대로 지적함으로써 자신을 무안하게 만들었기 때문입니다. 이와 같이 정중함(politeness) 또는 무례함(impoliteness)은 상황맥락과 밀접한 관련이 있기 때문에 이러한 점을 배제한 채 어휘나 언어 표현을 무턱대고 외우기만 한다고 의사소통을 자연스럽고 매끄럽게 할 수 있는 것은 아닌 것 같습니다.

4. 과업 난이도

◆ 과업 난이도(task difficulty)는 어떤 요인에 영향을 받나요?

☞ **과업(task)**이란 의미를 소통하는 것에 초점을 맞춘 교실 활동으로서 대화 참여자들 사이에 어떤 공감대에 도달하거나 의견 일치 또는 문제 해결을 목표로 합니다(Thornbury, 2006). **의사소통중심 교수법(communicative language teaching, CLT)**이 현대 영어교육의 주된 흐름으로 자리를 잡으면서 **과업중심 교수법(task-based language teaching, TBLT)** 또한 각광을 받고 있지요. 영어교육 현장에서 널리 사용되는 대표적인 과업 유형으로는 열거하기(listing), 정렬하기(sorting), 연결하기(matching), 비교하기(comparing), 문제해결하기(problem-solving) 등이 있습니다(Willis & Willis, 2007).

한편, 어떤 요인들이 과업 수행에 영향을 미치는가에 대해 대략 세 가지 요인이 있다고 알려져 있습니다(Thornbury, 2006). 첫째, **언어적 요인(linguistic factors)**이지요. 과업을 수행함에 있어서 학습자가 활용해야 하는 언어는 얼마나 복잡한가? 여기서 '언어'란 어휘(vocabulary)를 포함하여 문법(grammar) 측면까지 포함합니다. 이러한 언어적 요인을 덜어주기 위해 교사는 과업을 수행하기 전이나 수행 중에 학습자의 언어적 필요를 충족시키는 데 도움을 줄 수 있지요.

둘째, **인지적 요인(cognitive factors)**입니다. 과업을 해결하는 과정에서 처리해야 하는 데이터가 얼마나 복잡한가 하는 것이지요. 아울러 학습자가 그 과업에 얼마나 친숙한가의 여부도 난이도에 영향을 미칩니다.

셋째, **수행 요인(performance factors)**입니다. 과업을 수행함에 있어서 실시간으로(in real time)으로 상호작용해야 한다면 어려운 과업이 되겠지요. 또한 여러 사람 앞에서 발표해야(go public) 하는가? 하는 점도 난이도에 영향을 미치며, 아울러 발표하기 전에 미리 연습할(to rehearse) 수 있는 시간이 허용되는지의 여부도 매우 중요한 요인으로 작용합니다.

1) 과업의 정의와 특징

과업이란 "학습자가 목표를 달성하기 위해 의미에 중점을 두고 언어를 사용하도록 하는 활동(an activity which requires learners to use language, with emphasis on meaning, to attain an objective)"이라 할 수 있습니다(Bygate, Skehan & Swain, 2001, p. 11). 과업을 활용하여 학습한다는 생각(**Task-based learning, TBL**)은 원래 Prabhu에 의해 처음 시도되었는데, 그는 1979년부터 84년에 이르기까지 India의 Bangalore 지역에 있는 학교에서 학생들이 비언어적 문제(non-linguistic problem)를 해결하는 과정을 통해 언어 학습도 가능함을 발견했지요(Howatt &. Widdowson, 2004). Prabhu는 소위 과업 중심 교수요목을 설계하여 그에 따라 가르쳤는데, 수업은 교사에 의한 과업 시연(demonstration)과 이후 학생들의 과업 수행(performance)으로 이루어졌습니다. 그는 과업을 수행하기 전이나 중간 또는 수행 후에도 언어의 문법적인 형태(grammatical form)에 초점을 전혀 맞추지 않았는데, 그 까닭은 형태에 초점을 맞출 경우 학생들은 의미(meaning)에 초점을 맞추지 않는다는 것이었지요. 학생들이 과업의 완성(the completion of a task)에 초점을 맞추게 하면, 형태에 초점을 맞추는 수업에 못지 않게 언어를 잘 배울 수 있다는 믿음이 바로 과업중심 교수법의 핵심에 자리잡고 있습니다(Harmer, 2007). Prabhu의 Bangalore Project 및 그의 과업중심 수업의 성과가 널리 알려지면서 TBL은 오늘날 전 세계의 언어교육에 널리 활용되고 있지요.

현대 영어교육에서도 중시되고 있는 과업의 특징으로는(Skehan, 1998, p. 95) 첫째, 의미가 일차적으로 중요하고(meaning is primary), 둘째, 해결해야 할 문제가 있고(there is a problem to solve), 셋째, 실제 세상에서의 활동과 관련성이 있으며(there is a relationship to comparable real-world activities), 넷째, 과업에 대한 평가는 성과라는 관점에서 이루어진다(the assessment of the task is in terms of outcome)는 점입니다.

2) 목표 과업(target tasks)과 교육적 과업(pedagogical tasks)

과업은 **목표 과업(target tasks)**과 **교육적 과업(pedagogical tasks)**으로 구분되고 있는데(Nunan, 2004; Skehan, 2003; Willis, 1996), 목표 과업이란 교실 밖 세상에서의 실제적인 언어 사용(uses of language in the world beyond the classroom)을 가리키며 교육적 과업이란 교육 목적으로 교실에서 이루어지는 활동을 가리킵니다. 목표 과업은 **개념-기능 교수요목(notional-functional syllabus, NFS)**의 목록에 열거되어 있는 여러 언어 기능과 별반 다르지 않지요. 예를 들어 "개인 정보 제공하기(giving personal information)"는 하나의 의사소통 기능으로서 은행에서 통장을 새로 개설하거나 호텔에 예약을 할 때와 같이 실제 세상에서 살아갈 때 활용됩니다. 한편, 교육적 과업은 특정 맥락이 덧붙여져 만들어집니다. "채용 면접에서 개인 정보 제공하기(giving personal information in a job interview)"는 잘 진술된 교육적 과업이라 할 수 있는데 앞서의 언어 기능에 '채용 면접에서'라는 맥락이 첨가되었음을 알 수 있지요.

교육적 과업에는 학생들이 세상 속에서 목표 과업을 잘 수행할 수 있도록 가르치기 위해 주의 깊게 설계된 일련의 교수기법이 포함됩니다. 다음 예시 활동들을 잘 살펴보세요(Brown & Lee, 2015, p. 47).

(1) 'do 삽입(do-insertion)'과 함께 wh-의문문의 이해 연습("When do you work at Macy's?")
(2) 빈도부사 사용 연습("I usually work until five o'clock.")
(3) 채용 면접의 일부분 듣기

(4) 들은 내용의 문법 및 담화 분석하기
　　(5) 일반적인 면접 형태 따라하기(modeling)
　　(6) 학생들끼리 짝을 지어 모의 면접 역할극(role-playing)

　위에 언급된 여섯 가지 교실 활동 중에서 마지막 (6)번만 교실 밖 실제 세상을 지향하는 활동으로 간주되지만, (1)번부터 (5)번까지의 모든 활동은 "채용 면접에서 개인 정보 제공하기"라는 교육적 과업을 학생들이 달성할 수 있도록 설계된 교수기법입니다. 여기에는 (1)번이나 (2)번과 같이 학생들이 언어 형태에 익숙해질 수 있도록 돕기 위한 기법도 포함됨을 알 수 있습니다.

3) 과업 유형(task types)

　과업 유형은 그 과업을 수행함에 있어서 요구되는 인지 처리과정(cognitive processes)이 어떤 종류의 성격이냐에 따라 열거하기(listing), 정렬하기(sorting), 연결 짓기(matching), 비교하기(comparing), 문제해결하기(problem-solving) 등으로 구분됩니다(Willis & Willis, 2007).

　열거하기(listing)는 가장 간단하면서도 단순한 유형이라 할 수 있지요. 그렇다고 해서 꼭 쉬운 과업이라고 할 수는 없습니다. 왜냐하면 단어나 짧은 구를 열거하라고 요구할 수도 있지만, 아주 복잡한 문장을 열거하라고 할 수도 있으니까요. 예를 들어, 초등학교 수준에서 '교통수단(transport)'이라는 주제로 우리 고장에서 이용가능한 교통수단을 열거해보라고 할 경우, 명사들의 나열이 되겠지요. 그러나 이상적인 교통수단 체계(an ideal transport system)의 특징을 열거해보라고 한다면, 적어도 구나 문장 수준의 나열이 이루어질 것입니다. 보다 높은 수준의 학생들이라면 특정 교통수단을 사용하거나 사용하지 않는 이유를 열거해보라고 할 경우에는 아주 복잡한 문장들이 나열되겠지요. 여기에 그치지 않고 우리 고장의 대중교통수단 체계를 향상시키기 위한 방안을 열거해보라고 요구하는 경우는 난이도가 훨씬 더 높아지겠지요.

정렬하기(sorting)는 다양한 인지 처리과정이 요구되는데, 이를테면 순차적 배열하기(sequencing), 순위 매기기(ranking), 분류하기(classifying) 등이 이 유형에 포함됩니다. 이 모두가 열거하기(listing)보다는 약간 더 많은 사고와 인지적 노력을 요구하지요. 무작위로 섞여 있는 일련의 그림들을 정돈하여 이야기를 만들게 하거나 여러 가지 사건들을 흩어놓고 발생 순서에 따라 재배열하게 하는 것은 순차적 배열하기(sequencing)의 전형적인 예라 할 수 있습니다. 학생들을 대상으로 자신이 좋아하는 과목을 설문조사하여 가장 많이 언급된 과목부터 순서대로 늘어놓게 한다면 이것은 순위 매기기(ranking)라 할 수 있지요. 순위 매기기의 경우, 가장 흔히 사용되는 기준은 가격(cost)이나 인기(popularity), 또는 실용성(practicality) 등입니다. 한편, 책가방 속에 들어있는 것을 모두 밖으로 꺼낸 후 이를 모양(shape)이나 크기(size) 등의 기준에 따라 서로 다른 범주로 구별하도록 하는 것은 분류하기(classifying) 과업이지요.

연결 짓기(matching)는 모든 수준의 학습자들에게 사용될 수 있는 대단히 유용한 과업입니다. 어떤 내용을 듣거나 읽은 후 관련된 그림과 연결 짓는 활동은 흔히 관찰되는 교실활동인데, 특히 단어나 구 또는 짧은 문장을 들려준 후 관련 그림을 찾도록 하는 것은 초보 학습자를 대상으로 실시하는 전신반응교수법(total physical response, TPR)에서 많이 사용하는 기법이지요.

비교하기(comparing) 역시 교실활동에서 많이 찾아볼 수 있습니다. 학생들 각자 하루 일과표를 작성한 후 소집단 안에서 누가 가장 일찍 일어나거나 가장 늦게 잠자리에 드는지 찾게 하는 활동, 또는 가장 선호하는 여행지를 2-3개 선정한 후 이를 여러 가지 측면에서 비교하는 활동이 그 예시라 할 수 있지요. 이러한 비교하기 과업은 유사점(similarities)이나 차이점(differences)을 누가 먼저 찾아낼 수 있는지와 같은 게임 활동의 토대가 됩니다.

문제해결하기(problem-solving)는 아주 일반적인 문제(예: 지구 온난화)로부터 아주 구체적인 문제(예: 이웃집 고양이가 우리집 정원에 들어와 문제를 일으킨다면 어떻게 할 것인가)에 이르기까지 다양한 문제에 대해 학생들에게 조언이나 권고를 제안하도록 요청하는 활동입니다. 이것은 토론(discussion)과 같은 말하기 활동을 포함하여 해결 방안과 관련된 다양한 쓰기 활동으로 발전시킬 수 있지요.

4) 과업 난이도(task difficulty)

과업 난이도와 관련하여 일반적으로 언어적(linguistic), 인지적(cognitive), 그리고 수행(performance)의 세 가지 요인이 있다는 점은 앞에서 설명하였지요. 그렇지만 여러 학자들의 연구 결과(Kim, 2009; Long, 2007; Robinson, 2011; Robinson & Gilabert, 2007), 과업 난이도 혹은 **과업 복잡성(task complexity)**을 결정하는 요인은 대단히 다양한 측면이 있음이 밝혀졌습니다. Long(2007)은 순차적 배열하기 과업이라 하더라도 어휘나 문법과 같은 **언어적 복잡성(linguistic complexity)**, 과업이 실행되는 환경 조건과 같은 **과업 조건(task conditions)**, 과업의 **상호작용적 특성(the interactional nature)**, 그리고 **의미협상이 요구되는 정도 (the extent to which negotiation of meaning is required)**에 따라 난이도가 달라진다고 지적하였습니다. 그런가 하면 Garcia Mayo(2007)는 주제의 친숙성(familiarity of topic)이나 정보의 충분성(sufficiency of information)과 같은 **인지적 복잡성(cognitive complexity)**, 시간 제한(time pressure)과 같은 **의사소통상의 스트레스(communicative stress)**, 지능이나 개인적 경험과 같은 **학습자 요인 (learner factors)**, 그리고 과업의 구조에 따른 **처리과정상의 요구(processing demands)** 등에 따라 과업의 복잡성을 측정할 수 있다고 제안하였지요.

한편, Brown(1995)에 의하면, 듣기 과업의 경우 다음과 같은 여섯 가지 **인지적 부담(cognitive load)**에 따라 난이도가 달라진다고 주장하였습니다.

첫째, 듣기 대본에 등장하는 사람이나 물건의 숫자(the number of individuals or objects in a text)입니다. 숫자가 많아지면 당연히 듣고 기억하는 부담이 커지겠지요.

둘째, 듣기 대본에 등장하는 개인이나 사물이 서로 얼마나 뚜렷하게 구별되느냐(How clearly the individuals or objects are distinct from one another) 하는 것입니다. 보통의 경우, 두 사람이라면 대개 목소리를 통해 남자와 여자가 쉽게 구별됩니다. 그러나 세 사람 이상이 되면 어느 하나는 목소리가 겹치게 되므로 구별하기가 매우 어려워지겠지요.

셋째, 공간 관계가 단순하고 구체적인 정보(simple, specific information)는 복잡한(complex) 것보다 이해하기가 쉽습니다. 예컨대, 길 안내하기와 관련하여 "Turn right at the bank."는 "Go a little way on that street."보다 쉽게 이해되지요.

넷째, 사건의 순서(the order of events)입니다. 정보를 사건이 일어난 순서대로 제시하는 것은 뒤죽박죽 섞어 제시된 정보보다 이해하기가 더 쉽습니다.

다섯째, 듣고 이해함에 있어서 요구되는 추론(inferences)의 수(the number of inferences needed)입니다. 추론을 적게 할수록 더 쉬워지겠지요.

여섯째, 제시된 정보가 기존에 청자가 알고 있는 것과 일치될수록(The information is consistent with what the listener already knows) 더 쉽습니다. 예컨대, 이전에 관람한 적이 있는 영화에 관한 이야기는 그런 경험이 없는 영화에 관한 이야기보다 더 쉽게 이해되겠지요.

이제 과업 난이도와 관련된 2024학년도 중등 임용고사(영어) 2교시 전공B의 7번 문항을 살펴보도록 하겠습니다.

7. Read the passages in <A> and <B>, and follow the directions. [4 points]

<A>

Mr. Kim, a middle school English teacher, attended a materials development workshop last week. There he learned that a variety of factors impact a learner's task performance which he could manipulate to adjust the level of task difficulty. One is language of input that learners have to process, such as the range and complexity of vocabulary and grammar. Another factor has to do with the processing demands of a task, which refer to the amount of mental effort required in working out answers. Besides these two factors, the conditions under which a task is performed also play an important role. Below are the notes he took during the workshop.

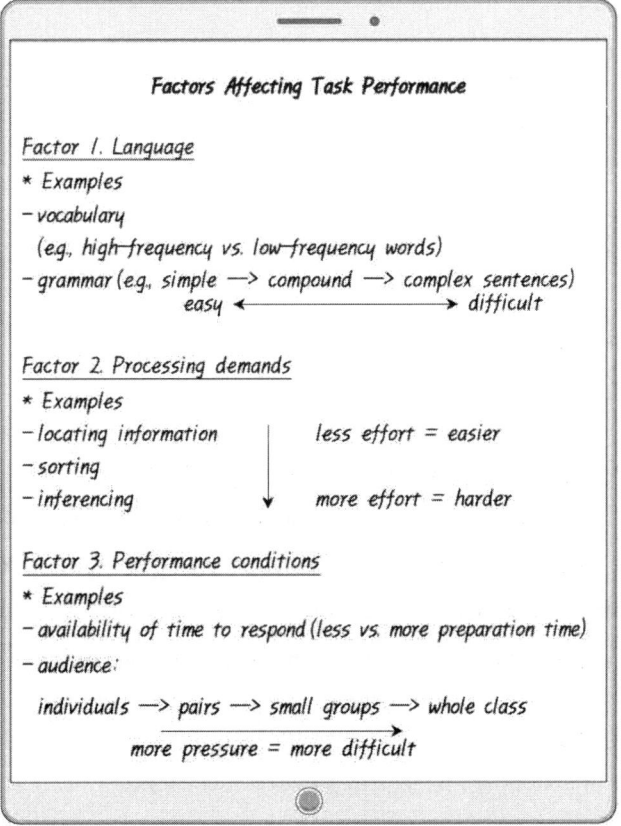

<B>

Based on what he learned at the workshop, Mr. Kim adapted one of the tasks from the textbook as shown below.

The original task

1. Read the following passage and answer the questions.

> Now we're going to see the most famous church in Britain, Westminster Abbey. Westminster Abbey is where the kings and queens have been crowned. We'll have about half an hour to look around the Abbey. We'll all meet again at the west door of the Abbey at four o'clock. If you get lost, then just call me. Remember it's a holy place, so behave yourselves.

   1) What is the name of the building that the people are going to see?
   2) Why are the people advised to behave themselves?

2. Choose a famous building or place in your neighborhood. Introduce it in front of the whole class.

The adapted task

1. Read the following passage and answer the questions.

> Now we're going to see the most famous church in Britain, Westminster Abbey. In Westminster Abbey, the kings and queens have been crowned. We'll have about half an hour to look around the Abbey. We'll all meet again at the west door of the Abbey at four o'clock. You may get lost. Then just call me. Remember it's a holy place, so behave yourselves.

   1) What is the name of the building that the people are going to see?
   2) Why are the people advised to behave themselves?

2. Choose a famous building or place in your neighborhood. Introduce it to your partner.

Identify the TWO factors in <A> that Mr. Kim addressed to adjust the difficulty of the original task in <B>. Then explain how each factor was addressed in the adapted task, respectively, with evidence from <A> and <B>.

제시문 <A>의 내용을 살펴보면, 중학교에서 영어를 가르치는 김교사는 지난 주 교재 개발 워크숍에 참석했습니다. 여기서 학습자의 과업 수행(task performance)에 영향을 미치는 다양한 요인들은 무엇이며 과업 난이도 수준(the level of task difficulty)을 조정하는 방법들에 대해 배웠지요. 그 중 한 가지는 학습자가 처리해야 하는 입력에 포함된 언어(language of input)인데, 예를 들면 어휘나 문법의 범위(range)와 복잡성(complexity)이지요. 또 다른 요인으로는 과업을 처리함에 있어서의 요구 수준(the processing demands)과 관련이 있는데, 이는 답을 찾아내는 데 필요한 정신적 노력(mental effort)의 양을 가리킵니다. 이외에도 과업이 수행되는 조건(the conditions) 또한 중요한 역할을 하지요. 다음은 워크숍 도중 김교사가 메모한 내용입니다. 메모 내용을 살펴볼까요?

첫 번째 요인은 언어(language)로서 어휘와 문법이 여기에 해당됩니다. 예를 들어 입력에 포함된 어휘가 고빈도(high-frequency)인가 아니면 저빈도(low-frequency)에 따라 난이도는 달라지겠지요. 또한 문법 측면에서도 단문(simple)이냐, 중문(compound)이냐, 혹은 복문(complex sentences)이냐에 따라 단문일수록 쉬워지고 복문일수록 어려워질 것입니다.

두 번째 요인은 처리에 요구되는 수준입니다. 예를 들어, 정보가 어디에 있는지 찾아내라(locating information)는 요구는 노력이 덜 들게 되므로 쉬운 반면, 추론하라(inferencing)는 요구는 노력이 더 많이 들게 되므로 어려워지겠지요. 순서대로 정렬하라(sorting)는 요구는 중간 정도의 난이도에 해당됩니다.

세 번째 요인은 수행 조건입니다. 예를 들어, 응답을 준비하는 데 주어지는 시간(availability of time)이 짧으면 어려워질 것이고 충분한 시간이 허용된다면 보다 쉬워지겠지요. 또한 청중(audience)이 누구냐, 다시 말해 누구 앞에서 수행하느냐에 따라서도 난이도는 영향을 받는데, 예를 들어 혼자서만 하는 경우는 가장 쉬울 것이고, 조별 활동으로 짝에게 하는 경우 → 소집단 활동으로 몇 사람 앞에서 하는 경우 → 학급 전체에게 하는 경우의 순으로 점점 더 어려워질 것입니다.

다음으로 제시문 <B>의 내용을 살펴볼 차례입니다. 워크숍에서 배운 것을 토대로 김교사는 교과서에 있는 과업 중 하나를 다음과 같이 수정하였습니다. 원본(the original task)과 수정본(the adapted task)을 비교하면 다음과 같이 본문과 수행 조건에 차이가 있습니다. 먼저 본문에는 어떤 차이가 있을까요? 원본과 수정본의 두 번째 문장을 비교해보도록 하지요.

[원본] Westminster Abbey is where the kings and queens have been crowned.
[수정본] In Westminster Abbey, the kings and queens have been crowned.

원본에서는 where로 시작하는 관계부사절이 보어(명사절)로 사용되었는데, 수정본에서는 주어를 전치사 in으로 시작하는 부사구로 처리함으로써 문장 구조가 복문(complex sentence)에서 단문(simple sentence)으로 바뀌었습니다. 다음으로 다섯 번째 문장도 수정이 이루어졌지요.

[원본] If you get lost, then just call me.
[수정본] You may get lost. Then just call me.

원본에서는 접속사 if로 시작하는 조건절이 사용되었지만, 수정본에서는 조건절과 주절을 별도의 두 문장으로 분리하여 각각 단문(simple sentence)로 바꾸었습니다. 이러한 수정을 통해 학생들은 글을 훨씬 쉽게 이해할 수 있게 되었지요.

다음에는 수행 조건을 바꾸었지요. 2번 과업을 비교해보면 다음과 같습니다.

[원본] Choose a famous building or place in your neighborhood. Introduce it in front of the whole class.
[수정본] Choose a famous building or place in your neighborhood. Introduce it to your partner.

원본에서는 학급 전체 앞에서 수행하도록 한 반면, 수정본에서는 (대화하는) 파트너에게 수행하도록 하고 있습니다. 똑같은 내용이라도 여러 학생들 앞에서 하는 것보다 옆에 있는 짝에게 수행하게 되면 인지적 또는 감정적 부담이 훨씬 줄어들 수 있지요. 이렇게 과업 수행에 요구되는 조건을 보다 쉽게 해줌으로써 과업 난이도를 낮추어 주었습니다.

지시문의 내용은, <B>에 있는 원본 과업의 난이도를 조정하기 위해 김교사가 언급했던 두 가지 요인을 찾아내고, 각각의 요인이 수정본에서 어떻게 다루어졌는지 <A>, <B>에서 증거와 함께 설명하라는 것입니다.

정답 예시 ☞ Mr. Kim addressed the factors 'language' and 'performance conditions'. As for 'language' factor, he changed complex, difficult sentences such as 'Westminster ~ crowned' and 'If you get lost, then just call me' to simple sentences such as 'In Westminster Abbey, ~ crowned' and 'You may get lost. Then just call me', respectively, to adjust the complexity of grammar. As for 'performance conditions' factor, he changed the task of introducing a famous place in students' neighborhood in front of the whole class to introducing it to their partners to reduce their pressure and make it less difficult.

5. 과잉 일반화와 퇴행

◆ **모국어 습득 과정에서 관찰되는 과잉 일반화는 무슨 뜻인가요?**

☞ 영어 모국어 화자가 동사의 과거형을 배우는 단계는 대략 세 단계로 구분됩니다. 물론 모국어 습득의 초기에 과거시제 형태를 나타내지 못하는 단계는 단계로 구분하지 않도록 하지요. 그러다가 성인들로부터 듣게 된 불규칙 동사 형태를 그대로 모방하는 단계에 이르게 됩니다(제1단계). 이 시기에는 came이나 went같은 말을 "바르게" 사용하지요. 그런데 시간이 지나면서 walked 또는 opened와 같은 규칙 동사 형태를 접하게 되면서부터는 규칙 동사의 어미 '-ed'를 불규칙 동사에도 확대 적용함으로써 comed 또는 goed와 같은 "바르지 못한" 형태가 나타나게 됩니다(제2단계). 그러다가 이 두 가지가 무작위로 혼합되어 사용되는(예: ated) 시기를 거쳐(박경자, 1999) 나중에는 불규칙 동사와 규칙 동사를 바르게 구분할 줄 아는 성숙된 단계(제3단계)로 발전하지요(정동빈, 안수웅, 김남국, 민찬규, 박매란, 1995).

과잉 일반화(overgeneralization)란 위에 설명된 제2단계에서 나타나는 현상을 일컫는 용어로서 규칙 동사에만 적용해야 하는 규칙("동사의 과거형은 -ed를 붙인다")을 불규칙 동사에까지 지나치게 적용하였다는 뜻이지요.

1) 일반화(generalization)와 과잉 일반화(overgeneralization)

일반화란 바로 인간의 학습과정, 그리고 학습으로 인한 인지발달 과정에서 나타나는 특징 중 하나로서 **인지적 가지치기(cognitive pruning)**의 일종이라 할 수 있습니다. 예를 들어, 어린 아이가 뜨거운 커피나 끓는 물 또는 뜨겁게 달궈진 다리미가 엄청난 아픔이 초래된다는 것은 어떻게 학습할 수 있을까요? 물론 실수로 잘못 만지는 직접적인 경험을 통해 학습할 수 있겠지요. 그러나 "조심해라. 뜨거운 거야. 절대 만지지 마."라는 부모의 구두 경고를 통해서도 간접적으로 학습할 수 있습니다. 이러한 직접 또는 간접 경험이 반복되다 보면, 커피나 물, 다리미와 같은 특정 사물은 기억에서 흐릿해지고 '뜨거움(hotness)'이라는 개념만 남겠지요(실제 세상에서 뜨거운 것은 그 세 가지만 있는 것은 아니고 그 모든 사물을 다 기억하자면 인지적 부담이 너무 커지니까요). 이렇게 시간이 지나면서 중요한 개념만 남고 불필요한 것들은 우리의 기억에서 사라지는 현상을 인지심리학(cognitive psychology)에서는 **가지치기(pruning)**라고 하는데, 이는 정원수를 예쁜 모양으로 만들기 위해 불필요한 부분을 잘라내는 원예 용어에서 비롯된 용어입니다. 결과적으로 '뜨거운 것→위험한 것'이라는 **일반화(generalization)**가 이루어진 셈이지요(Brown, 2014).

위에 설명한 일반화 과정을 통해 우리는 많은 다양한 경험들을 간단한 개념으로 바꿀 수 있습니다. 덕분에 기억(memory)과 같은 **인지적 부담(cognitive load)**을 줄일 수 있게 되었고 그래서 우리는 보다 중요한 다른 일에 집중할 수 있지요. 모국어를 습득하는 과정도 잘 살펴보면, 일견 혼란스러워 보이는 다양한 형태들에 어떤 특징이나 개념을 기준으로 질서를 부여함으로써 그 속에 내재된 규칙을 발견하는 과정이라 할 수 있습니다. 이것 역시 일반화라는 용어로 설명할 수 있지 않겠습니까?

이와 같이 언어에 내재된 규칙을 발견하는 과정에서 나타나는 일반화가 지나칠 경우 문제를 일으키기도 합니다. 앞서 설명한 바와 같이 규칙 동사의 과거형 어미(-ed)를 불규칙 동사에도 확대 적용하는 과잉 일반화 현상은 언어 습득의 다른 부분에서도 찾아볼 수 있습니다. 다음 예문을 볼까요?(Brown, 2014, p. 260)

(1) Does John can sing?
(2) John doesn't can study.
(3) I don't know what time is it.

(1)번 예문은 의문문을 습득하는 과정에서 나타나는 과잉 일반화 현상입니다. 의문문을 만들 때 조동사 do/does를 문장 맨 앞에 위치시킨다는 규칙은 조동사가 없는 문장에만 적용되어야 하는데 can과 같은 조동사가 있는 문장에도 적용되고 있는 것이지요. (2)번 역시 부정문의 습득 과정에서 나타나는 현상으로 이유는 1)번과 유사합니다. (3)번은 의문문의 경우 주어와 동사가 도치된다는 규칙을 간접의문문에도 잘못 적용하고 있는 것이지요. 평서문(declarative sentence)에서의 '주어+동사' 어순이 의문문에서 '동사+주어' 어순으로 바뀌었다가 간접의문문에서는 다시 원래의 어순인 '주어+동사'로 되돌아오는 것은 모국어 화자에게도 쉽지 않은 일로 꽤 많은 시간이 걸린다고 합니다(Willis, 2003).

2) 모국어 습득 단계와 퇴행(backsliding)

아이의 모국어 습득 과정을 자세히 관찰해보면 서로 확연히 구분되는 여러 단계를 거치는데, 대개 다음과 같은 네 개의 단계로 구분하고 있는데(Corder, 1973; Gass & Selinker, 2001; Long, 2003), 이러한 단계는 제2언어 습득의 경우에도 유사한 것으로 보고되고 있는데, 아래 각 단계에 제시된 예문들은 Brown(2014, pp. 244-246)에서 가져온 것입니다.

(1) 전(前)체계적 단계(presystematic stage)

언어 학습의 초기로서 임의적 오류(random errors)가 나타나는 단계입니다(Corder, 1973). 이러한 임의적 오류가 나타나는 까닭은 학습자가 언어 체계에 대해 알고 있는 것이 전반적으로 아주 적기 때문이지요. 다음 예시들은 제2언어 습득자가 실제로 쓴 글인데, 무슨 내용인지 이해하기가 어렵습니다.

① The different city is another one in the another two.
② I want to become a physicotrafic. I will studied for six years.

③ Society has it's hard-living's bitterness way into the decaded-dragging and full troubled life.

(2) 출현 단계(emergent stage)

학습자의 언어 표현에서 일관성이 어느 정도 나타나는 단계인데, 이는 단어나 구 또는 언어 규칙 등이 조금씩 내재화되고 있기 때문입니다. 이 단계에서는 아이가 하는 말이나 글을 통해 무엇을 의도하고 있는지 알 수 있지요. 다음 예문 역시 제2언어 습득자가 실제로 쓴 글입니다.

① He was just a peony in the hands of big powders.
② All work without a play makes Jack a doornail.
③ American food made me interesting to taste.
④ Wars do not happen on the spot of moments.

이 단계의 두드러진 특징 중 하나는 **퇴행(backsliding)** 현상입니다(Selinker, 1972). 이것은 학습자가 어떤 규칙이나 원리를 파악한 것처럼 보이는데 그로 인해 이전 단계로 퇴보한(regress) 것 같은 현상이 나타나는 것이지요. 이를테면 학습자가 동사의 과거 시제 형태에 관한 규칙(가설)을 형성한 결과, comed 또는 goed같은 오류가 출현하고 그래서 일견 학습자의 언어 발달이 퇴보한 것처럼 보입니다. 그러다가 시간이 지나면서 더 많은 언어에 노출되면 결국 동사의 과거 시제는 불규칙 형태와 규칙 형태가 병존한다는 것을 깨닫게 되고 이 둘을 구별할 줄 아는 단계로 발전하게 되지요. 불규칙 동사의 과거 시제와 관련하여 이러한 전체 과정을 요약하면, 올바른 형태(a correct form)를 사용하는 단계에서 올바르지 못한 형태(an incorrect form)를 사용하는 단계로 갔다가 다시 올바른 형태를 사용하는 단계로 돌아오게 되는데 이러한 학습 과정을 영어 알파벳 U자 형태에 비유하여 **U-자형 학습(U-shaped learning)**이라고(Gass & Selinker, 2001) 부릅니다.

일반적으로 출현 단계에 있는 학습자는 오류를 지적해준다고 하더라도 아직은 오류를 고칠 수 없다고 알려져 있습니다. 학습자(L)와 원어민(NS)의 다음 대화를 살펴봅시다(Brown, 2014, p. 245).

L: I go New York.
NS: You're going to New York?
L: (*doesn't understand*) What?
NS: You will go to New York?
L: Yes.
NS: When?
L: Uh, 1992.
NS: Oh, you went to New York in 1992.
L: Yes, uh, ... I go 1992.

원어민(NS)은 학습자(L)에게 New York에 간 것은 1992년, 즉 과거의 일이므로 went를 써야 한다고 넌지시 고쳐주고 있어요. 하지만 그 다음 학습자의 응답을 보면 여전히 go를 쓰고 있는 것으로 보아 습득 단계상 과거 시제형을 아직 사용할 줄 모르는 단계라고 판단됩니다.

(3) 체계적 단계(systematic stage)

앞의 두 번째 시기인 출현 단계보다 훨씬 더 많은 일관성이 나타나는 단계로서 두 번째 단계와 구별되는 가장 큰 차이점은 오류를 지적받았을 경우 이를 고칠 수 있다는 점입니다. 학습자(L)와 원어민(NS)의 다음 대화를 살펴봅시다(Brown, 2014, p. 245).

L: Many fish are in the lake. The fish are serving in the restaurants near the lake.

NS: (*smiling*) The *fish* are serving?

L: Oh, no, (*laughing*) uh, fish are being served in restaurants!

(4) 후(後)체계적 단계(postsystematic stage)

언어 습득의 마지막 단계로서 언어 체계를 마스터했다고 할 수 있습니다. 앞의 세 번째 단계에 비해 오류도 상대적으로 별로 없고 유창성이나 의도한 의미를 전달하는 데도 문제가 발생하지 않지요. 그래서 이 단계를 안정화(stabilization) 단계라고 부릅니다(Long, 2003). 이 단계에 들어선 학습자는 오류를 범하더라도 스스로 알아서 고칠(self-correct) 줄 압니다. 다른 사람이 지적해주지 않더라도 말이지요. 다음 예문을 살펴봅시다(Brown, 2014, p. 246).

① In this space age when many satellites are hovering on our heads — ah, I mean, uh, over heads.

② He passed out with very high score — sorry, I mean, he passed test — with high score.

③ I like Abraham Lincoln because he has known many people in Japan — um, ah, no, no, he ... many, many Japan people know him!

한편, 이 네 번째 단계에서 학습자의 언어가 너무 이른 시기에 안정화되면, 다시 말해 학습자가 범한 사소한 오류를 '알아차리지 못해서(undetected)' 수정되지 않은 상태로 고착되면 소위 **화석화(fossilization)** 현상이 일어난다고 합니다(Selinker & Lamendella, 1979).

이제 과잉 일반화 및 퇴행과 관련된 2023학년도 중등 임용고사(영어) 2교시 전공A의 1번 문항을 살펴보도록 하겠습니다.

---

1. Read the conversation and follow the directions. [2 points]

(Ms. Kim, a new teacher, and Mr. Song, a head teacher, are discussing Ms. Kim's concerns about her student's writing performance.)

T1: Ms. Kim, did the process-oriented evaluation in your writing class go well this semester?

T2: I'm still making comments to students, but there is something I'm worried about.

T1: What is it?

T2: I'm afraid that one of my students is making more errors now than he was at the beginning of the semester.

T1: He got worse as the semester went on?

T2: Yes. He turned in the writing assignment. However, there were so many errors in his writing.

T1: What kinds of errors?

T2: Unlike the beginning of the semester, now he has problems with irregular verbs.

T1: Can you give me an example?

T2: When the semester began, he wrote words like "drank," "wore," and "heard" without errors. Now I am seeing errors like "drinked," "weared," and "heared." He is suddenly treating irregular verbs like regular verbs.

T1: Hmm. Now that I think about it, he is probably progressing!

T2: What are you talking about?

T1: Well, according to U-shaped course of development, he is starting to understand the rules of the past tense.

T2: Oh, I see.

Fill in the blank with the ONE most appropriate word.

> In the above conversation, Ms. Kim's student seems to regress, making errors with irregular verbs that he used to use correctly, due to overgeneralization. This phenomenon is commonly called _____, in which the learner seems to have grasped a rule or principle but then moves from a correct form to an incorrect form.

제시된 대화 내용을 살펴보면, 신규교사인 김교사와 수석교사인 송교사는 김교사가 가르치는 학생들의 쓰기 수행(writing performance)과 관련하여 논의하고 있습니다. 송교사는 **과정 중심 평가(the process-oriented evaluation)**가 이번 학기에 잘 진행되고 있는지 묻지요. 이에 송교사는 학생들에게 계속 조언(comments)은 해주고 있는데 걱정되는 바가 있다고 말합니다. 걱정거리가 무엇이냐는 물음에 김교사는 학생 중 하나가 학기 초보다 오류를 더 많이 범하고 있어서 걱정이라고 답하지요. 송교사가 다시 어떤 종류의 오류인지 예를 들어달라고 요청하자 김교사는 그 학생이 학기 초와는 다르게 불규칙 동사의 과거형을 쓰는 데 문제가 있다고 말합니다. 학기 초에는 "drank", "wore", "heard"와 같은 불규칙 동사의 과거형을 제대로 썼는데, 지금은 "drinked", "weared", "heared"와 같이 오류를 범하고 있다고 설명하지요. 김교사의 말이 끝나자 송교사는 그 학생이 오히려 진보하고 있다고 말합니다. 이유가 무엇이냐고 묻는 김교사에게 송교사는 **U-자형 발달 진로(U-shaped course of development)**에 따르면 그 학생이 과거 시제의 규칙을 이해하는 초기 단계에 있다고 답하지요.

지시문의 내용은, 위 대화에서 김교사의 학생은 **과잉일반화(overgeneralization)**로 인해 이전에는 올바르게 사용했던 불규칙 동사를 잘못 쓰고 있어서 퇴보한(regress) 것처럼 보이는데, 이러한 현상은 _____이라 부르는 것으로서, 학습자가 어떤 규칙이나 원리를 파악한 뒤에는 바른 형태(a correct form)에서 바르지 못한 형태(an incorrect form)로 옮아가는 것을 가리킵니다.

지금까지의 설명을 종합해보면, 빈칸에 들어갈 말이 **퇴행(backsliding)**임은 어렵지 않게 추정할 수 있습니다.

정답 ☞ backsliding

6. 기능통합 접근법

◆ 언어 기능은 '듣기 교육' 또는 '쓰기 교육'과 같이 따로 분리하여 가르쳐야 하나요?

☞ 위 질문에 대한 여러분의 생각은 어떤가요? 'Yes!' 혹은 'No!'라고 답하기 전에 먼저 우리의 언어생활을 생각해보도록 하지요. 우리가 일상생활에서 다른 사람과 대화할 때 일방적으로 말하기만 하지는 않지요. 듣기도 합니다. 또한 대화 도중 중요한 사항이 있을 경우에는 메모를 하기도(쓰기) 하지요. 경우에 따라서는 어떤 글을 읽으면서 대화를 나누기도 합니다. 결국, 우리의 언어생활은 듣기, 말하기, 읽기, 쓰기가 따로따로 떨어져 있지 않음을 알 수 있지요.

따라서 위 질문에 대한 대답은 'No!'이어야 할 것입니다. 이렇게 언어의 네 가지 기능을 분리시키지 말고 통합하여 가르쳐야 한다는 생각을 **기능통합 접근법(integrative approach)**이라고 합니다.

1) 기능통합 접근법(integrative approach)의 대두

언어 교육에 있어서 기능통합 접근법을 주장하는 학자들의 논거는 "언어 기능의 통합이야말로 실제 세상에서 일어나는 일이기 때문"이라는 것입니다(Brinton, 2003). 이를테면 듣기에는 으레 말하기가 내포되어 있으며, 특히 고등교육에서 이루어지는 학문적인 맥락에서는 메모하기(쓰기)도 수반되지요. 말하기 역시 듣는 사람(a listener)을 상정하고 있으며 쓰기와 읽기는 상호간에 접점이 있음은 분명합니다.

물론 네 가지 기능을 통합한다고 해서 개별 기능의 중요성이 줄어든다는 뜻은 아닙니다. 하나의 기능에서 학습한 것을 다른 기능으로 전환하여 다양하게 사용해보는 경험을 통해 오히려 학습된 내용이 보다 강화되고 **파지(retention)**에도 더 효과적이겠지요. 학습동기 유발에도 더 큰 도움이 될 것입니다. 이러한 이점에도 불구하고 우리 주변에서는 아직도 언어 기능을 분리하여 가르치는 강좌가 흔히 발견되는 까닭은 무엇일까요?

여러 가지 이유가 있겠지만, 의사소통중심 교수법이 주류를 형성하기 이전 시대에는 언어의 형태(the *forms* of language)에 초점을 맞추는 것이 교육과정 개발자들에게 가장 큰 관건이었습니다. 듣기와 말하기는 소리(sound)를 매개로 한다는 점에서, 그리고 읽기와 쓰기는 문자(letter)를 매개로 한다는 점에서 서로 다르지요. 한편, 듣기와 읽기는 **수용 기능(receptive skills)**이라는 점에서, 그리고 말하기와 쓰기는 **표현 기능(productive skills)**이라는 점에서 서로 다릅니다. 언어 기능들은 이렇게 매개체와 기능 측면에서 서로 다른 성격을 갖고 있기 때문에 언어 기능들을 서로 분리하여 가르친다는 것은 그리 이상한 일이 아니었지요. 또한 교육기관이나 교수자 입장에서도 개별 기능에만 초점을 맞춘 강좌는 행정적인 처리가 보다 수월했습니다. 더욱이 상급 수준의 학생들의 경우, 특정 언어 기능만 집중적으로 신장시키고자 하는 필요성이 높아졌는데, 이러한 요구에도 적절히 부응할 수 있었습니다. 이른바 **특수 목적 언어(languages for specific purposes, LSP)** 강좌인 것이지요(Brown & Lee, 2015).

2) 기능통합 접근법의 예시와 장점

의사소통(communication)이 교수학습의 중심이 되고 언어 발달에서 **상호작용(interaction)**의 중요성을 인식하게 되면서 오늘날 기능통합 접근법은 적어도 두 가지 이상의 기능을 통합하고자 노력하며, 경우에 따라서는 언어 네 기능에 더하여 어휘나 문법까지도 통합하고자 합니다(Brinton, 2003). 예를 들어, 시청각 자료를 이용한 듣기와 요점 적기, 구두 발표하기, 프로젝트 과제, 역할극 등은 **기능 통합(integrated skills)**을 기할 수 있는 효과적인 방법이라 할 수 있지요. Brown과

Lee(2015)도 또한 기능통합 활동과 관련하여 다음과 같은 예를 들고 있습니다.

(1) 어떤 주제에 대한 스키마를 활성화하기 위해 사전 읽기 후 토론하기. (후속활동으로 읽기 과업 또는 쓰기 과업이 뒤따를 수 있음)
(2) 강의 내용을 들으면서 메모하기. (후속활동으로 토론이 뒤따를 수 있음)
(3) 하나의 글을 읽고 그에 대한 응답 글 작성하기

기능통합 접근법은 의사소통을 강조하는 현대 영어교육의 두드러진 특징 중 하나라고 할 수 있습니다(부경순, 1999). 앞서 지적한 것처럼 언어의 개별 기능들이 실제 생활에서 통합적으로 사용되고 있는 모습을 보여주기 위해서라도 기능을 통합하여 지도할 필요는 그 타당성(rationale)이 충분히 있지요. 이에 대해 Hinkel(2006, p. 113)도 "오늘날과 같은 세계화 시대에서는 언어 학습의 실용적인 목표로 인해 통합적이고 역동적인 다중 기능을 가르치는 방식에 더 큰 가치가 부여되었으며, 그러한 방식은 유의미한 의사소통과 학습자의 **의사소통능력(communicative competence)** 신장에 초점을 맞추는 것"이라고 지적한 바 있습니다. 기능통합 접근법의 이점과 관련된 다음 설명들을 잘 음미해보세요(Brown & Lee, 2015).

(1) 표현(production)과 수용(reception)은 동전의 양면이다.
(2) 상호작용에는 메시지를 보내고 동시에 받는 것이 포함된다.
(3) 학습자가 언어로 할 수 있는 것에 일차적으로 주목함으로써 교실 현장과 관련이 있는 기능이라면 어떤 것이든지 다 활용할 수 있다.
(4) 한 가지 기능은 또 다른 기능을 종종 강화시킨다.
(5) 우리의 자연스러운 언어 수행 대부분에는 우리가 생각하고 느끼고 행동하는 방식과 언어 사이에 연결이 내재되어 있다.

이제 기능통합 접근법과 관련된 2022학년도 중등 임용고사(영어) 2교시 전공A의 2번 문항을 살펴보도록 하겠습니다.

2. Read the conversation and follow the directions. [2 points]

T1: Hello, Ms. Kim. You seem to be in deep thought. Anything bothering you?

T2: Good morning, Mr. Lee. I'm thinking of how to make my English class more effective.

T1: Yeah, I've been thinking about that, too.

T2: You know, our textbook is organized by separate language skills. But the four skills are rarely separable from each other, I think.

T1: True. Speaking almost always implies a listener, and writing and reading share obvious links.

T2: That's exactly what I mean.

T1: Actually, I've been adapting the textbook since last semester so that my students can be exposed to the language they will encounter in the real world.

T2: Sounds great. How have you been doing it?

T1: For example, I usually have pre-reading discussion time to activate schemata. It helps to make links between speaking, listening, and reading. My students actively engage in those kinds of tasks.

T2: That can be a good way. Or I could create a listening task accompanied by note-taking or followed by a group discussion.

T1: Great idea. I think a slight change can make a big difference.

T2: Right. I'll try to make some changes and let you know how it goes. Thanks for sharing your experience!

Fill in the blank with the ONE most appropriate word.

> In the above conversation, the two teachers are talking about the _____ approach, which is now typical within a communicative, interactive framework. The approach can give students greater motivation and make them engage more actively, which can convert to better learning outcomes.

제시된 대화 내용을 살펴보면, 교사1(이교사)은 교사2(김교사)가 깊은 생각에 잠겨 있는 것을 보고 무슨 고민이 있느냐고 묻습니다. 교사2는 교사1에게 어떻게 하면 보다 효과적인 영어수업을 할 수 있을지 생각하고 있다고 말하지요. 같은 생각이라는 교사1에게 교사2는 우리가 사용하는 교과서가 언어 기능별로 분리하여(separate language skills) 구성되었는데, 사실 언어 네 기능은 서로 분리될 수 없는 것 같다고 말합니다. 교사1 또한 말하기는 거의 항상 듣기와 연관되고 쓰기와 읽기도 분명한 연결고리(links)가 있다고 공감을 표시하지요. 그러면서 자신은 지난 학기부터 학생들이 실제 세상에서 마주칠 가능성이 있는 언어에 노출될 수 있도록 하기 위해 교과서를 수정하여 가르쳤다고 말합니다. 교사2가 그것은 어떤 방식으로 하는 것이냐고 묻는 교사2에게 교사1은 스키마를 활성화시키기 위해(to activate schemata) 대개 읽기전 토론을 하는데, 이렇게 하면 말하기, 듣기, 그리고 읽기 사이에 연결고리를 형성하는 데 도움이 된다고 일러줍니다. 학생들이 이러한 종류의 과업에 능동적으로 참여한다는 점도 덧붙이지요. 교사2는 좋은 방법이라고 말하면서 자신도 듣기 과업을 할 때 메모하기(note-taking)를 병행하거나 후속활동으로 집단 토론(a group discussion)을 시도해봐야 하겠다고 말합니다. 교사1은 좋은 생각이라고 하면서 작은 변화도 큰 차이를 가져올 수 있다고 말하지요. 교사2는 이제부터라도 약간의 변화를 주고 어떻게 진행되는지 알려주겠다고 말하면서 대화가 마무리됩니다.

지시문의 내용은, 위 대화에서 두 명의 교사는 _____ 접근법에 대해 이야기하고 있는데, 이것은 의사소통적 및 상호작용적 틀 안에서 현재 전형적인 접근법이다. 이 접근법은 학생들이게 보다 큰 동기를 부여하고 더 능동적으로 몰두하도록 만들며, 결과적으로 더 나은 학습 성과(learning outcomes)로 전환될 수 있다고 서술하고 있지요.

정답 ☞ integrative

7. 학습 전략

◆ 학습 유형과 학습 전략은 어떻게 다른가요?

☞ 일반적으로 무엇인가를 배우거나 문제를 해결하는 방식은 각 개인의 성격(character)과 인지(cognition) 사이에 존재하는 어떤 연결 고리에 의해 결정되는데, 이를 인지 유형(cognitive style)이라 합니다. 이러한 인지 유형이 교육 상황과 연관될 경우, **학습 유형(learning styles)**이라고 하지요. 이러한 점을 감안하면 학습 유형은 한 개인을 다른 사람과 구별시켜주는 특성이라고 할 수 있습니다(Christison, 2003). 한편, 전략(strategies)이란 어떤 상황 안에서 주어진 문제를 해결하기 위해 동원하는 방법이나 수단이라고 할 수 있지요. 그러므로 학습 전략(learning strategies)은 학습자가 자신의 학습을 촉진하기 위한 목적으로 활용하는 방법이나 수단입니다. 이러한 방법이나 수단은 학습 유형과는 여러 사람들에 의해 공유될 수 있지요.

1) 언어 교수법 경쟁 시대

1960년대 중반 이후 70년대를 거쳐 80년대 초까지는 이른바 영어 교수법 전성시대라고 해도 과언이 아닐 정도로 여러 혁신적인 교수법들이 줄을 이어 나타났습니다. 수학자 Caleb Gattegno(1963)의 **침묵식 교수법(The Silent Way)**을 필두로 하여 James Asher(1965)의 **전신반응교수법(Total Physical Response, TPR)**, Curran(1972, 1976)의 **협동 학습법(Community Language Learning, CLL)** 불가리아의 심리학자 Georgi Lozanov(1978)의 **암시 교수법(Suggestopedia)**, 그리고 Krashen과 Terrell(1983)의 **자연 교수법(The Natural Approach)**이 바로 그것인데, 이러한 교수법들은 당시의 지배적이었던 **문법번역식 교수법(Grammar-Translation**

Method, GTM)이나 **청화식 교수법(Audiolingual Method, ALM)**의 단점을 극복하기 위해 새롭고 혁신적인 방법들을 도입하였지요. Nunan(1989, p. 97)은 이들을 하나로 묶어 "designer" methods라고 불렀습니다.

이렇게 우후죽순 엄청난 기세로 등장했던 혁신적인 교수법들(innovative methods)은 나름대로 여러 가지 장점이 있었지만 실제 시행하는 과정에서 단점도 꽤 많이 나타났습니다. 이에 70년대 말을 지나 80년대 초에 이르게 되면 여러 혁신적인 교수법들이 지닌 장단점이 면밀히 분석되고, 결국 이 모든 교수법들을 통합하는 움직임이 나타나게 되는데, 이러한 움직임의 결과 오늘날 **의사소통 중심 교수법(communicative language teaching, CLT)**이라고 부르는 교수법이 서서히 모습을 나타냈지요. 다양한 교수법들을 통합했다는 말은 어떤 측면에서는 **절충적(eclectic)**이라는 뜻이기도 합니다.

1960년대 초반부터 시작되어 거의 20여 년 동안 지속된 교수법 경쟁 시대의 결과는 어떻게 되었을까요? 그것은 아이러니하게도 모든 학습자에게 딱 들어맞는 궁극적인 교수법은 없다(no ultimate method of language)는 것이었습니다 (Brown, 2014, p. 110). Stevick(1997) 또한 청화식 교수법(ALM)과 인지적 교수법(cognitive code learning)을 따로따로 실행한 결과, 두 가지 교수법 모두에서 성공적인 학습자와 그렇지 못한 학습자가 나타나는 것을 관찰한 후, 언어나 학습의 본질(the nature of language and learning)에 대한 관점이 전혀 다른 두 가지 교수법을 실행한 결과가 이렇게 아무런 차이가 없다면 도대체 어떻게 된 일인가? 하고 반문하였지요. 결국 80년대 중반 이후로 모든 상황이나 모든 학습자에게 알맞은 최적의 교수법은 존재하지 않는다는(no best method for all) 공감대가 형성되면서, 언어 교육의 연구 방향은 학습자에 대한 연구, 교실 내 역동성에 대한 연구, 그러한 역동성을 뒷받침하는 교실 과업이나 활동에 대한 연구 등으로 다양하게 발전하게 됩니다(Richards & Renandya, 2002). 이른바 **후(後) 교수법 시대(post-method era)**가 도래한 것이지요. 참고로 이 시대의 특징을

Kumaravadivelu(2001)는 **특수성 교육(pedagogy of particularity)**이라고 불렀습니다.

2) 좋은 언어 학습자(good language learner) 연구

교수법 논쟁이 저물어가게 된 까닭은 어떤 교수법을 실행하더라도 성공적인 또는 실패하는 학습자는 여전히 나타난다는 사실 때문입니다. 다시 말해 개인에 따라 변이(variation), 즉 차이가 있다는 것이지요. **개인차(individual differences)**에 대한 연구는 이러한 실제적인 관찰 결과에 바탕을 두고 있습니다. Rubin(1975)과 Stern(1975) 모두 "좋은(good)" 언어 학습자는 어떤 특징을 갖고 있는가? 라는 질문을 던졌지요. 이 질문에 대한 대답들을 Rubin과 Thompson(1982)은 다음과 같이 요약, 정리하고 있습니다.

(1) 자신의 학습에 책임의식이 있어서 언어 사용 기회를 찾아낸다(Take charge of their own learning, seeking out opportunities to use the language).

(2) 언어를 창조적으로 실험하는 것을 두려워하지 않으며 지적인 추측을 한다(Are unafraid to creatively experiment with the language and make intelligent guesses).

(3) 말뭉치와 대화 상투어구를 배워 "자신의 능력을 넘어서서" 언어를 사용한다(Learn chunks of language and conversational gambits to help them perform "beyond their competence)."

(4) 다양한 기억 전략, 표현 요령, 그리고 이해 기법을 사용한다(Use various memory strategies, production tricks, and comprehension techniques).

(5) 스스로를 점검하고, 오류가 자신에게 도움이 되는 쪽으로 작용하게 하며, 실수를 통해 배운다(Monitor themselves, allow errors to work *for*

them, and learn from mistakes).

비록 추측에 따른 것이기는 하지만, 이러한 목록들로 인해 좋은 언어 학습자의 특징을 보다 구체적으로 파악하기 위한 여러 학자들의 연구들이 줄을 이었습니다(Brown, 1989, 1991; Marshall, 1989; Naiman, Fröhlich, Stern & Todesco, 1978; Rubin & Thompson, 1982; Stevick, 1989). 이러한 특징들이 그 성격에 따라 연관된 것들끼리 세트를 이루면서 결과적으로 성공적인 언어 학습자가 되기 위한 방법, 다시 말해 전략(strategies) 들이 점점 정리되기 시작했지요. 오늘날 영어교육에서 확고하게 자리매김을 하고 있는 **전략중심 지도법(strategies-based instruction, SBI)**은 이런 과정을 거쳐 생겨났습니다(O'Malley & Chamot, 1990; Oxford, 1990, 2011).

3) 학습 전략(learning stratey)

학습 유형(learning styles)은 어떤 새로운 정보나 기능을 흡수 또는 처리하거나 보유함에 있어서 각 개인이 가진 선천적이고 습관적이며 선호되는 방식(an individual's natural, habitual, and preferred ways of absorbing, processing, and retaining new information and skills)을 가리킵니다(Christison, 2003). 학습 유형은 숙달하고자 하는 내용이 무엇이냐에 관계없이 일정하며 좀처럼 변하지 않지요. 이에 비해 **학습 전략(learning strategies)**은 어떤 문제나 과업에 접근하는 구체적인 방법(specific methods), 특정 목적을 달성하기 위한 기법(techniques), 또는 어떤 정보를 통제하고 조작하기 위한 계획(designs)을 가리킵니다.

Oxford와 Ehrman(1988, p. 22)은 제2언어 학습 전략에 대해 "자신의 학습을 향상시키기 위해 학습자가 사용하는 특정 행동이나 행위, 단계, 또는 기법"이라 정의하였지요. 전략이란 결국 목적에 도달하기 위한 구체적인 수단(means) 역할을 한다고 할 수 있는데, 학습자가 언어를 학습할 때 사용하는 학습 전략은 학습 맥락과 과업에 따라 매우 다양하지만 대개 다음과 같은 네 가지 유형으로 나뉘

어집니다(Brown, 2014, pp. 126-127; Christison, 2003, pp. 271-272).

(1) 메타인지 전략(metacognitive strategies)

학습자 스스로 자신의 학습 과정이나 결과를 성찰할 수 있도록 도와주는 전략으로서, Brown(2014)과 Christison(2003)을 토대로 정리하면 계획하기(planning), 조직하기(organizing), 점검하기(monitoring), 그리고 평가하기(evaluating)가 있으며 각각에 대한 구체적인 예시는 아래 표와 같습니다.

strategies	examples of strategies
Planning	■ previewing main ideas ■ making plans to accomplish a task ■ paying attention to key information ■ seeking out and arranging for conditions to promote successful learning
Organizing	■ deciding to attend to specific aspects of language input or situational details that will cue the retention of language input ■ reordering ■ classifying ■ labeling items in the language
Monitoring	■ self-checking one's comprehension
Evaluating	■ developing the ability to determine how well one has accomplished the task

(2) 인지 전략(cognitive strategies)

학습자가 특정 학습 과업에 직면하여 학습할 내용을 보다 직접적으로 조작하는 것과 관련된 전략으로서, Christison(2003)을 토대로 정리하면 요약(summarizing), 귀납적 추리(induction), 형상화(imagery), 청각적 표상(auditory representation), 추론(making inferences), 자료 활용(using resources), 집단화(grouping), 메모하기(note-taking), 이전 지식 정교화(elaboration of prior knowledge)가 있으며 각각에 대한 구체적인 예시는 아래 표와 같습니다.

strategies	examples of strategies
Summarizing	▪ saying or writing the main idea
induction	▪ figuring out the rules from samples of language
Imagery	▪ being able to visualize a picture and use it to learn new information
auditory representation	▪ mentally replaying a word, phrase, or piece of information
making inferences	▪ using information in the text to guess the meaning
using resources	▪ developing the ability to use reference materials
grouping	▪ classifying words, terminology, quantities, or concepts
note-taking	▪ writing down key words and concepts in verbal, graphic, or numerical form
elaboration of prior knowledge	▪ relating new to known information and making personal associations

(3) 정의적 전략(affective strategies)

학습자가 이로운 감정적 에너지를 활용하고 학습 과정에 대해 긍정적인 태도를 형성하며 학습동기를 유발 및 지속시킬 수 있도록 도와주는 것과 관련된 전략으로서, Brown(2014)을 토대로 정리하면 지지 감정 활성화(activating supportive emotions), 부정적 감정 최소화(minimizing negative emotions), 학습

동기 유발(generating motivation), 긍정적 태도 구축(building positive attitudes)이 있으며, 각각에 대한 구체적인 예시는 아래 표와 같습니다.

strategies	examples of strategies
activating supportive emotions	■ encouraging oneself ■ making positive statements ■ making lists of one's abilities ■ rewarding oneself for accomplishments ■ noticing what one has accomplished to build self-confidence ■ writing a language learning diary
minimizing negative emotions	■ using relaxation to lower fear or anxiety ■ using positive self-talk to lower self-doubt ■ generating interesting charts, images, or dialogues to lower boredom ■ making a list of "to do" items to avoid feeling overwhelmed
generating motivation	■ learning about the culture of a language ■ setting personal goals and monitoring their accomplishment ■ listing specific accomplishments ■ turning attention away from tests and toward what one can do with the language
building positive attitudes	■ using relaxation to lower fear or anxiety ■ generating interesting activities to lower boredom ■ empathizing with others to develop cultural understanding

(4) 사회문화적-상호작용적 전략(sociocultural-interactional strategies)

학습자가 지식이나 능력이 부족함에도 불구하고 상호작용 및 소통하도록 하며 문화적 차이를 효과적으로 다룰 수 있게 도와주는 것과 관련된 전략으로서, Brown(2014)을 토대로 정리하면 학습을 위한 상호작용(interacting to learn), 지식 차이 극복(overcoming knowledge gaps), 지적 추론(guessing intelligently), 대화 시작(generating conversation), 사회문화적 스키마 활성화(activating sociocultural schemata)가 있으며, 각각에 대한 구체적인 예시는 아래 표와 같습니다.

strategies	examples of strategies
interacting to learn	▪ cooperating with one or more peers to obtain feedback, pool information, or model a language activity
overcoming knowledge gaps	▪ asking a teacher or other native speaker for repetition, paraphrasing, explanation, and/or examples ▪ questioning for clarification ▪ using memorized chunks of language to initiate or maintain communication
guessing intelligently	▪ using linguistic clues in lexicon, grammar, or phonology to predict ▪ using discourse markers to comprehend
generating conversation	▪ initiating conversation with known discourse gambits ▪ maintaining conversation with affirmations, verbal and nonverbal attention signals ▪ asking questions
activating sociocultural schemata	▪ asking questions about culture, customs, etc. ▪ reading about culture (customs, history, music, art)

이제 학습 전략과 관련된 2022학년도 중등 임용고사(영어) 2교시 전공A의 9번 문항을 살펴보도록 하겠습니다.

---

9. Read the passage in <A> and the diaogue in <B>, and follow the directions. [4 points]

<A>

While styles are preferred ways of processing information, strategies are conscious mental and behavioural procedures that people engage in with the aim to gain control over their learning process. Although the definitions and boundaries of learning strategies can be varied, there are several categories of strategies that have generally been agreed upon, as shown below.

Strategy	Definition	Examples
Metacognitive	Learners being consciously aware of their thought processes and cognition	• Planning • Monitoring • Evaluating
Cognitive	Learners using their brains to manipulate or transform L2 input in order to retain it	• Keyword technique • Repetition • Inferencing • Visualization
Social	Learners involving others in their L2 learning processes	• Having conversations in L2 with other speakers • Practicing L2 with other classmates
Affective	Learners engaging their own emotions to facilitate L2 learning	• Rewarding oneself for studying • Intentionally reducing anxiety

<B>

Mina: Hi, Junho. Is everthing going well?

Junho: Hey, Mina! Good to see you here. Can I ask you something?

Mina: Sure. What's up?

Junho: I know you are a good English learner and I'd like to get some tips.

Mina: Sure. Will you tell me how you study?

Junho: I try to set schedules for learning. For example, I decide what I should study first and what I can study at a later time.

Mina: That's a good way. Anything else you do?

Junho: While studying, I sometimes stop to check my comprehension.

Mina: Okay. In my case, I usually create pictures in my mind to remember the things I've studied.

Junho: Oh, you do? I've never tried to create mental images when I study.

Mina: Actually, it helps me remember things a lot longer.

Junho: That makes sense. I think I need to try it.

Mina: And, whenever I find some difficult English expressions I'm not familiar with, I talk in English with native speakers to find out exactly what those expressions mean.

Junho: I usually use my online dictionary. But I often find the dictionary explanation is rather difficult for me.

Mina: That happens a lot. I think asking questions to others is one of the best ways to clarify the meaning.

Junho: I quite agree. I'll apply your advice to my English learning immediately. Thanks for your tips!

Identify TWO strategies in <A> that Mina recommended to Junho in <B>. Then, support your answers with evidence from <B>.

제시문 <A>의 내용을 살펴보면, 학습 유형(styles)이 정보를 처리하는 방식인 반면, 학습 전략(strategies)은 자신의 학습 과정을 통제하기 위해 사람들이 의식적으로 몰두하는 정신 및 행동 절차입니다. 학습 전략에 대한 정의 및 경계(boundaries)가 다양할 수 있지만, 일반적으로 의견이 일치되는 몇 가지 범주가 있는데, 이는 아래 표와 같다는 것입니다.

표를 살펴보면, 네 가지 유형(메타인지 전략, 인지 전략, 사회적 전략, 정의적 전략)이 제시되어 있습니다. 첫째, 메타인지 전략이란 학습자가 자신의 사고 과정 및 인지를 의식하고 있는 것으로서 계획하기(planning), 점검하기(monitoring), 평가하기(evaluating)의 세 가지 예시를 들고 있지요. 둘째, 인지 전략이란 학습자가 제2언어 입력을 파지하기 위하여 두뇌를 사용하여 그 언어 입력을 조작하거나 변형하는 것입니다. 예시로는 주제어 기법(keyword technique), 반복(repetition), 추론(inferencing), 시각화(visualization)의 네 가지를 들고 있네요. 셋째, 사회적 전략이란 학습자가 다른 사람을 자신의 제2언어 학습과정에 참여시키는 것을 말하는데, 그 예시로는 다른 화자와 제2언어로 대화하기(having conversations in L2), 그리고 다른 급우들과 제2언어 연습하기(practicing L2)의 두 가지를 들고 있습니다. 넷째, 정의적 전략이란 학습자가 제2언어 학습을 촉진하기 위해 자신의 감정을 활용하는 것으로서, 그 예시로는 공부한 것에 대해 자신에게 보상하기(rewarding oneself), 그리고 불안감을 의도적으로 감소시키기(intentionally reducing anxiety)의 두 가지를 들고 있네요.

한편, 제시문 <B>, 미나와 준호의 대화 내용을 살펴봅니다. 준호는 미나에게 궁금한 것이 있는데, 즉 너는 영어 학습을 잘하고 있는데 몇 가지 비결 좀 가르쳐달라는 것이지요. 미나는 네가 공부하는 방법에 대해 먼저 말해보라고 합니다. 준호는 학습 스케줄이 정해져 있어서 제일 먼저 공부해야 할 것, 그리고 나중에 공부해야 할 것을 정해놓고 한다고 답하지요. 또 다른 것은 없느냐는 미나의 말에 준호는 공부하는 동안 자신이 얼마나 이해하는지 확인하기 위해 때때로 공부를 멈춘다고 말합니다. 이에 미나는 대개의 경우, 공부한 것들을 기억하기 위해 마음 속으로 그림을 그려본다고 말하지요. 준호는 그렇게 정신적인 이미지를 만들어본 적은 없다고 말합니다. 미나는 그런 방법이 훨씬 더 오랫동안 기억하는데 도움이 된다고 말하지요. 이에 준호도 그 방법을 한번 시도해보겠다고 합니다. 또한 미나는 익숙하지 않은 어려운 영어 표현이 있을 경우, 그것의 정확한 의미를 찾아내기 위해 원어민과 영어로 대화한다고 말하지요. 준호는 자신의 경우 대개 온라인 사전을 사용하는데, 사전에 제시된 설명이 종종 다소 어렵게 느껴진다고 말합니다. 미나 역시 그런 일은 많이 있다고 하면서 그런 경우 다른 사람에게 물어보는 것이 의미를 분명히 하는 최선의 방법이라고 말하지요. 이에 준호 역시 동의하면서 미나의 조언을 즉각 영어 학습에 적용해보겠다고 말하면서 대화가 마무리됩니다.

지시문의 내용은 <B>에서 미나가 준호에게 추천한 두 가지 전략을 <A>에서 찾아낸 후, <B>에서 증거를 제시하여 답을 하도록 요구하고 있지요.

이상 제시문 <A>, <B> 그리고 지시문의 내용을 종합하면, 미나가 준호에게 추천한 전략 두 가지를 살펴보면, 먼저 공부한 것을 마음 속으로 그림 그려보도록 권하고 있는데, 이것은 시각화(visualization)에 해당되므로 인지 전략(cognitive strategy)이라고 할 수 있습니다. 다음으로 어떤 영어 표현의 의미가 명확하지 않을 때 원어민과 영어로 대화하는 방법을 통해 적절한 의미를 추론해볼 것을 권하고 있는데, 이것은 다른 화자와 제2언어로 대화하기에 해당되므로 사회적 전략(social strategy)이라고 할 수 있지요.

정답 예시 ☞ Mina recommended cognitive and social strategies to Junho. In aspect of cognitive strategies, she recommended him to visualize what he has studied. In aspect of social strategies, she recommended him to have conversations with native speakers to find out some difficult English expressions.

8. 언어 조정

◆ **모국어 화자가 외국인을 배려하는 방법인 조정은 어떻게 하는 것인가요?**

☞ 언어 습득 과정의 초기에 엄마는 아이와 상호작용할 때 가능한 한 쉽게, 그리고 간단하게 표현한다는 점은 흔히 관찰됩니다. 이렇게 형태가 단순화된 언어 (simplified language)를 'motherse'라고 하지요(엄마, 아빠가 아니고 돌보아주는 사람의 경우에는 caretaker's speech라고 부릅니다). 한편, 원어민이 외국인과 대화하는 경우 평소 자기들끼리 대화할 때와는 달리, 외국인의 언어 능력 수준을 배려하여 쉬운 어휘를 사용하거나 문법 구조를 단순화시키거나, 또는 말의 속도를 천천히 늦춰주거나 하는 등의 방법으로 어떤 변화를 준다고 합니다. 이러한 변화를 **조정(adjustment)**이라고 하지요.

1) 조정(adjustment)의 정의

오늘날의 언어 습득이론에 의하면, 언어 입력만으로는 충분하지 않고 언어가 입력될 때 상호작용(interaction)이 반드시 수반되어야 한다는 것이 정설입니다 (Brown, 2014). 이러한 상호작용 과정에는 소위 **의미협상(negotiation for meaning)**이라고 하는 현상이 종종 일어나는데, 의미협상에는 대화를 통한 상호작용 과정에서 다른 사람의 말을 자신이 제대로 이해했는지 점검하는 것, 자신이 제대로 이해하지 못했을 경우 다시 말해달라고 요청하는 것, 또는 다른 사람이 자신의 말을 이해했는지 확인하는 것 등이 포함되지요(Bailey, 2003). 이러한 의미협상 과정에서 우리는 내가 하는 말을 상대방이 잘 이해할 수 있도록 표현 방법이나 내용에 어떤 변화를 줍니다. 이러한 변화를 **조정(adjustment)**이라고 하며, 이는 듣는 사람을 배려하기 위한 것이지요.

2) 조정(adjustment) 방법

조정은 표현 방법이나 내용에 변화를 주는 방식을 통해 구체화되는데, 말의 속도를 보다 천천히 하거나 중요한 부분을 강조하여 말하거나 반복해주는 것은 바로 표현 방법을 바꾸는 것이라고 할 수 있습니다. 한편, 말하는 내용을 조정하는 방법으로는 대개 어려운 단어를 쉬운 단어로 바꾸거나(예: 'depressed'라는 말 대신 'sad' 사용) 복잡한 문장을 단순하게 바꾸거나 하는 방식이 많이 쓰이기 때문에 **단순화(simplification)**라고도 부릅니다. 단순화와 관련된 다음 예시를 살펴보도록 하지요(Lynch, 2010, p. 11).

(1) To the native listener: "It's ironic."
   To the non-native listener: "It seems funny."

(2) To the native listener: "If you worked hard, you would make it."
   To the non-native listener: "If you could work hard, you would be rewarded."

(3) To the non-native listener: "The beaver is known as a very industrious, and busy, uhm, hard working animal."

(4) To the non-native listener: "Canada was booming and expanding and economically rich."

(1)번의 경우, 원어민에게는 "ironic"이라고 말했다가 비원어민에게는 "funny"와 같이 보다 쉬운 단어로 바꿔 표현하고 있지요. 또한 (2)번의 경우에는 원어민들이 일상 대화에서 흔히 사용되는 관용어구 "make it" 대신 "be rewarded"로 바꾸고 있습니다. 단어의 빈도 측면에서는 다소 어려워졌다고 할 수 있지만 오히려 의미 전달은 더 쉬워졌다고 할 수 있습니다. (3)번의 경우에는 "industrious"가 어려울

것으로 생각하여 이와 비슷한 다른 말(busy 또는 hard working)을 추가함으로써 이해를 돕고 있지요. (4)번 역시 (3)번처럼 "booming"의 의미를 보완해주는 다른 말(expanding 또는 economically rich)을 덧붙임으로써 충분한 이해에 도달하도록 배려하고 있습니다.

앞의 예시에서 (1)번과 (2)번은 언어를 바꿔주는 언어적 조정(linguistic adjustment)이며, (3)번과 (4)번은 앞서 나온 말의 의미를 보다 다양하고 정교하게 이해하도록 돕는 인지적 조정(cognitive adjustment)입니다. 참고로, 조정과 비슷한 개념으로 **조절(accommodation)**이라는 용어가 있는데, 이는 화자가 대화 상대방과의 관계에 따라 말하는 내용이나 방식을 조정하는 것을 가리킵니다. 예컨대, 우리는 공감(empathy)이나 연대감(solidarity)을 느끼는 사람과 대화할 때, 그 사람의 말투(액센트나 어휘)를 닮아가는 경향이 있지요. 하지만, 나와의 관계가 멀거나 나와 다르다고 느끼는 사람과 대화할 때는 그 사람의 말투를 따라하려고 하지 않는다는 것이지요. 이러한 생각을 **언어 조절 이론(speech accommodation theory)**이라 하는데, 이 이론의 요점은 우리는 대화를 하는 동안 상대방의 말투와 관련하여 우리 자신의 말투 역시 끊임없이 평가하면서 어떤 조정을 한다는 것입니다.

이제 언어 조정과 관련된 2021학년도 중등 임용고사(영어) 2교시 전공A의 10번 문항을 살펴보도록 하겠습니다.

10. Read the passage in <A> and the interaction in <B>, and follow the directions. [4 points]

<A>

In language directed toward linguistically nonproficient second language speakers, native speakers tend to show foreigner-talk adjustments in the flow of conversation. These include slow speech rate, loud speech, long pauses, simple vocabulary (e.g., few idioms, high-frequency words), and paucity of slang. They also tend to make adjustments to their speech in the area of grammar. They often move topics to the front of the sentence, put new information at the end of the sentence, use fewer contractions and pronouns, grammatically repeat non-native speakers' incorrect utterances, and fill in the blank for their incomplete utterances.

<B>

NS: So what did you have for lunch today?
NNS: I was busy. I eated cookies.
NS: Oh, did you? I see.
NNS: You want cookies?
NS: No, thanks.
NNS: You don't like cookies?
NS: Well... these days I'm on a diet and I rarely eat them.
NNS: Sorry... I don't understand.
NS: These days I am on a diet and I rarely eat cookies.
NNS: Oh, I see. You diet. You don't eat cookies.
NS: Well, I do. But only sometimes.
NNS: Mm.... Sometime. You eat cookies only sometimes.
NS: Right, because they have too much sugar.

Based on <A>, locate ONE utterance in <B> that reflects NS's grammatical adjustment to his speech and identify its adjustment type. Then, explain how it functions in the given dialogue.

제시문 <A>의 내용을 살펴보면, 원어민들은 언어적으로 능숙하지 못한 제2언어 화자와 대화하는 도중 외국인과의 대화 조정(foreigner-talk adjustments)을 나타내는 경향이 있다는 것입니다. 이러한 조정 방법에는 말의 속도를 천천히 하기, 말과 말 사이의 휴지(pauses)를 길게 두기, 간단한 어휘(예를 들어 관용구는 적게 사용하고 고빈도 단어들) 사용하기, 그리고 속어 덜 사용하기(paucity of slang) 등이 있지요. 원어민들은 또한 문법 영역에서도 조정을 하는 경향이 있는데, 여기에는 주제를 문장의 앞으로 옮기기, 새로운 정보를 문장의 끝에 두기, 축약이나 대명사 적게 사용하기, 비원어민의 바르지 못한 발화를 문법적으로 고쳐 되풀이하기, 불완전한 발화에 대해 빈칸 채워주기가 있습니다.

제시문 <B>, 원어민(NS)와 비원어민(NNS)의 대화를 살펴보면, 오늘의 점심 식사에 대해 이야기를 나누고 있지요. 쿠키를 좋아하지 않느냐는 비원어민의 질문에 원어민이 응답이 좀 어려웠나 봅니다. 그래서 잘 이해하지 못했다고 말하자 원어민은 앞서 말한 것을 다시 되풀이해주는데 약간의 변화가 일어나지요. 이 부분이 바로 문제의 핵심이므로 이 둘을 대조해봅시다.

[처음] These days I'm on a diet and I rarely eat them.
[반복] These days **I am** on a diet and I rarely eat **cookies**.

반복된 두 번째에서는 처음 말했을 때의 축약(I'm)을 사용하지 않았고 마지막의 대명사 them을 cookies로 바꿔줌으로써 비원어민의 이해를 돕고 있음을 알 수 있지요. 지시문의 내용은 원어민이 자신의 말에서 문법적인 조정(grammatical adjustment)을 나타내는 발화 하나를 <B>에서 찾아내고 그 유형을 식별한 다음, 주어진 대화에서 그러한 조정이 어떻게 기능하는지 설명하라는 것입니다.

원어민이 문법적인 조정을 한 부분은 앞서 제시하였고, 그 유형은 축약과 대명사를 사용하지 않는 것이며, 그 결과는 "Oh, I see."라고 응답한 것으로 보아 무슨 말인지 비원어민이 이해할 수 있게 되었지요.

정답 예시 ☞ "These days I am on a diet and I rarely eat cookies." reflects NS's grammatical adjustments, such as 'fewer contractions and pronouns' since s/he replaced the contracted form 'I'm' with 'I am' and the pronoun 'them' with 'cookies' to make NNS understand the previous utterance more clearly.

9. 피드백 유형

◆ 학습자가 범하는 오류는 어떤 방법으로 피드백해주어야 하나요?

☞ 학습 과정에는 기본적으로 오류를 범하는 것이 포함된 과정입니다(Brown, 2014). 어떤 기능을 배우거나 정보를 습득함에 있어서 실수를 하거나 계산을 잘못 하거나 경우에 따라서는 판단 또는 전제가 잘못되기도 하지요. 그러면 이러한 실수나 잘못이 모두 해로운 것일까요? 실수나 잘못으로 인해 좌절하거나 포기하는 경우도 없지 않아 있으므로 그렇게 생각될 수도 있습니다.

하지만 어린 아이가 걸음마를 배울 때 여러 차례 넘어졌다고 해서 걸음마 배우는 것을 포기한다면 이 세상에 걸어다닐 수 있는 사람은 아마 없었을 것입니다. 우리는 모두 그런 넘어짐을 통해 다리 힘을 더 키웠고, 몸의 균형 잡는 법을 익히기 위해 끊임없이 고민했습니다. 결국, 실수와 잘못은 성장과 발전에서 나타나는 하나의 과정일 뿐이며, 따라서 어떻게 하면 실수와 잘못을 범하지 않느냐가 아니라 어떻게 하면 그것을 성장과 발전의 계기로 삼을 수 있느냐가 더 중요하겠지요.

제2언어 학습자 역시 학습 과정에서 많은 오류를 범합니다. 그럴 경우 교사는 학습자의 오류에 대해 어떤 방식으로든 피드백을 해주어야 하겠지요. 여기서 중요한 것은 피드백을 어떤 오류에 대해서, 그리고 언제, 누가, 어떤 방식으로 하느냐(Brown, 2014) 하는 것입니다. Rogers(1951)로부터 시작된 **인본주의적 접근법(humanistic approach)**, 그러니까 학습에 있어서 정의적 요인(affective factors)의 중요성을 감안하면, 오류에 대해 교사가 피드백을 제공할 때 학습자의 정서(emotion)를 세심하게 살펴 최적의 피드백 방법을 찾고자 노력해야 합니다.

1) 학습자 오류: 역사적 흐름

전술한 바와 같이 학습 과정에 있어서 오류는 피할 수 없습니다. 제2언어 습득에 있어서도 마찬가지지요. 문제는 이러한 불가피하게 나타나는 오류를 보는 관점이나 태도가 시대별로 달랐는데, 여기서는 이와 관련한 역사적 흐름을 간략히 살펴보도록 하겠습니다.

먼저 **구조주의 언어학(structural linguistics)**과 **행동주의 심리학(behavioral psychology)**이 지배적이던 시대에 오류(error)를 보는 관점은 한 마디로 '오류의 회피(the avoidance of error)'였습니다(Brown, 2014). 이것은 교사는 학습자가 오류를 회피할 수 있도록, 즉 오류를 범하지 않도록 가르쳐야 하고, 학습자 역시 교사나 녹음기를 통해 흘러나오는 발음이나 교재의 정제된 표현들을 한 치의 오차 없이 그대로 따라하기 위해 온 신경을 집중하여 학습하였지요. 오늘날의 언어 교실에서도 흔히 듣게 되는 표현인 "Listen (carefully) and repeat."에 담긴 속뜻은 지금부터 들려주는 내용을 반복할(repeat) 때 오류를 범하지 않으려면 먼저 잘 들어야 한다는 것입니다.

그럼에도 불구하고 오류가 나타난다면 어떻게 해야 할까요? 그러한 오류를 고쳐주지 않고 그냥 내버려두면 '나쁜' 습관으로 굳어질(고착될) 위험성이 있다고 생각했습니다. '세살 버릇 여든 간다'는 우리말 속담이 이러한 생각과 딱 들어맞지요. 그래서 잘못된 형태, 즉 오류를 바로잡아 '좋은' 습관을 들일 수 있도록 수없이 많은 **반복(repetition)**과 **암기(memorization)**가 뒤따랐고, 경우에 따라서는 **과잉학습(overlearning)**도 불사했습니다.

"인간은 언어 습득 능력을 갖고 태어난다"는 구호로 유명한 **생득론(nativism)**이 1960년대 언어학의 주류로 등장하고 **인지주의 심리학(cognitive psychology)**이 행동주의 심리학을 밀어내던 시대에는 오류에 대해 자유방임주의적 접근법(*laissez-faire* approach)을 취했습니다. 자유방임주의란 경제학에서 비롯된 용어로 고전경제학의 거두 아담 스미스(Adam Smith)의 주장을 잘 나타내는 말이지요. 스미스는 자유주의 시장 경제체제에서는 공급(supply)과 수요(demand)에 따라 적정 가격(reasonable price)이 매겨지는데, 이러한 적정 가격이 매겨지도록 하는 것이 바로 시장(market)의 역할이자 기능이라고 생각했습니다. 결국 시장이라는 '보이지 않는 손(the invisible hand)'에 의해서 경제는 자연스럽게 돌아가게 되어 있으므로 정부(government)는 시장에 개입하지 말아야, 즉 그냥 그대로 두어야 한다고 믿었지요. 생득론에서 주장하는 언어의 **선천성(innateness)** 가설에 따르면, 아이는 타고난 언어 습득 능력을 통해 자신의 주변에서 들려오는 언어 자료를 기초로 하여 언어에 내재된 규칙이나 원리를 체계적으로 습득하지요. 물론 언어 습득 과정에서 분명히 오류가 나타나기는 하지만, 자연스러운 습득 과정을 거치면 결국에는 완벽한 성인 문법(perfect adult grammar)으로 발전하게 되니 굳이 고쳐줄 필요가 없다는, 그래서 내버려두어도 된다는 것입니다.

구성주의(constructivism)와 **기능주의(functionalism)**의 영향으로 인해 의사소통과 상호작용을 중시하는 현대 영어교육에서는 **의미에 대한 주목(attention to meaning)**과 **형태에 대한 주목(attention to form)** 사이에 최적의 균형을 기하고자 노력합니다. 여기에서 형태에 대해 주목한다는 것은 형태상의 오류에도 주목한다는 뜻으로 학습자의 오류에 대해 적절한 처치(error treatment)를 가할 필요성을 인정한 것이지요. 이렇게 의미에 중점을 두면서도 형태상의 오류를 바로잡아 언어의 정확한 사용으로 이끌고자 하는 교육적 시도를 **형태초점 지도(form-focused instruction, FFI)**라고 부릅니다(Spada, 1997). 결과적으로 FFI는 유창성과 정확성이라는 두 마리 토끼를 모두 잡고자 하는 지도방법이라 할 수 있는데, 이와 관련하여 좀더 상술해보겠습니다.

1960년대 중반 이후 여러 혁신적인 교수법이 나타난데 이어 이러한 혁신적인 아이디어들을 발전적으로 계승함과 아울러 의사소통을 중시하는 교수법이 언어교육의 주된 흐름을 형성하면서 한때 **정확성(accuracy)**보다는 **유창성(fluency)**을 우선시하는 경향이 나타났습니다. 이러한 경향은 언어 및 언어사용의 본질, 그리고 자연스러운 언어 발달 과정 측면에서 이해하지 못할 바는 아니었지요. 왜냐하면 언어는 우리의 생각이나 감정을 전달하고 소통하기 위한 것이고, 유창성과 정확성은 함께 동반 성장하는 것이지 어떤 것이 먼저다 또는 나중이다라고 하기 어렵습니다(물론 굳이 무엇이 먼저냐고 따진다면 일반적으로 유창성이 먼저고 정확성은 그보다 좀 늦게 나타난다(Thornbury, 2006)고 하지요). 더욱이 혁신적인 교수법들이 나타나기 이전, 또는 그 이후에도 세계 여기저기에서의 언어교육은 주로 정확성에 매몰되는 경향이 있었기에 어떻게든 그로부터 벗어나려는 시도가 신선하게 느껴지기도 했지요. 문제는 "발음이 좀 어눌하면 어때요. 또 문법적으로 틀리게 말해도 소통만 잘 되면 되지 않나요?"라는 어떤 학습자의 말에서 알 수 있듯이 유창성을 지나치게 강조하다보니 정확성은 경시되거나 무시되는 부작용이 나타났다는 것입니다. 이에 보다 최근에는 정확한 언어 표현을 구사할 수 있는 능력 함양의 중요성이 새롭게 부각되고 있는데(Hedge, 2000), 이와 관련된 다음 언급을 살펴보세요.

> It is impossible to conceive of a person being communicatively competent without being linguistically competent (Faerch, Haastrup & Phillipson, 1984, p. 168).

2) 학습자 오류에 대한 대처

학습자가 범하는 오류에 대한 대처 방법을 설명하기 전에 먼저 **오류(error)**와 **실수(mistake)**를 구분할 필요가 있습니다. 먼저 **실수(mistake)**란 언어 수행(linguistic performance) 과정에서 나타나는 잘못입니다. 우리 모두는 말을 하다가 몸의 컨디션이 좋지 않거나 너무 긴장한 나머지 혀가 꼬인다거나 말이 잘못 나오는 경험이 있지요. 그렇다고 우리가 가진 **언어 능력(linguistic competence)** 자체에 어떤 결함이 있다고 생각하지는 않습니다. 단지 일시적인 현상일 뿐이지요. 이와는 달리 **오류(error)**란 학습 과정상의 불완전함이나 학습된 체계의 결함(flaw)으로 인해 표준적인 언어 사용과는 다른 특이한 형태(idiosyncracies)를 가리킵니다. 예를 들어, "Does John can sing?"이라는 형태는 제2언어 학습자에서 흔히 찾아볼 수 있는 잘못인데, 의문문에 사용하는 조동사 does를 이미 조동사가 있는 문장에도 과잉 적용(과잉일반화)한 것이지요. 이 학습자는 아직 의문문 형성과 관련된 지식이 부족하며, 그래서 Can John sing?과 같은 문장을 만들어낼 수 없습니다. 따라서 오류를 지적해주더라도 스스로 고칠 수 없지요. 이것은 오류와 실수를 구분하는 매우 중요한 점인데, 앞서 말한 것처럼 실수는 지적해주면 스스로 고칠 수 있지만 오류는 아무리 고쳐주어도 이해하지 못합니다. 이것은 다음과 같은 유명한 예시에서도 찾아볼 수 있습니다.

Child: Nobody don't like me.
Mother: No, say "nobody likes me."
Child: Nobody don't like me. [eight repetitions of this exchange]
Mother: No, now listen carefully; say "nobody likes me."
Child: Oh! Nobody don't likes me. (McNeill, 1966, p. 69)

위 예시에서 알 수 있는 것은, 아이가 범하는 이중부정의 잘못은 일시적인 실수가 아니라는 것입니다. 엄마는 이것을 고쳐주고자 올바른 표현을 여덟 번 넘게 반복하지요. 그럼에도 불구하고 아이는 엄마의 의도를 알아차리지 못하고 일관성 있게 이중부정을 고수하고 있습니다. 이러한 일관성(consistency)이야말로 오류의 특징이지요. 결국, 아이가 현재 갖고 있는 언어 체계는 아직 성인이 가진 완벽한 문법 체계에는 미치지 못하고 있음을 알 수 있습니다. 이러한 상황에서 아이가 가진 언어 체계를 **중간언어(interlanguage)**라 부르는데, 성인의 문법 체계로 향해 가는 중간에 있는 언어라는 뜻이지요. 중간언어는 나름대로 설정한 규칙에 의거하여 일관된 체계를 나타내는데 이렇게 중간언어가 가진 일관성을 **합법성(legitimacy)**이라고 합니다.

3) 학습자 오류의 식별

이제 학습자가 범하는 일관된 잘못, 즉 오류(error)를 식별하는 방법에 대해 알아보겠습니다. 다음은 여러 학자들에 의해 보고된 오류 식별 방법과 그에 따른 범주입니다(Burt & Kiparsky, 1972; Corder, 1971; Lennon, 1991).

(1) 드러난 오류(over error)와 감춰진 오류(covert error)

Corder(1971)는 **드러난 오류(over error)**와 **감춰진 오류(covert error)**를 구분할 필요가 있다고 제안했습니다. 드러난 오류란 문장 차원에서 분명히 비문법적인 오류를 가리키는 반면, 감춰진 오류란 문장 차원에서는 문법적으로 올바른 표현이지만 담화, 즉 의사소통의 맥락 차원에서는 이해되지 않는 오류를 말하지요. 오류가 일어난 전후의 담화 맥락을 살피지 않을 경우, 감춰진 오류는 오류라고 인식되지 않을 수도 있습니다. 다음 예시들을 살펴보도록 하지요.

a. This men, employed in one factory, or laboratories in the country.
b. Speaker 1: Who are you?
   Speaker 2: I'm fine, thank you.

문장 a는 'This men'에서 알 수 있는 것처럼 문법적인 오류가 분명히 드러나 있지요. 이에 비해 대화 b에서 두 번째 화자의 발화는 문장 차원에서 아무런 오류가 없습니다. 그렇지만 첫 번째 화자의 발화에 대한 응답, 즉 담화 맥락이나 의사소통 차원에서는 전혀 어울리지 않지요. 이러한 응답에 첫 번째 화자는 아마 어안이 벙벙해졌을 것 같습니다.

(2) 전반적 오류(global error)와 국지적 오류(local error)

언어 형태나 담화 맥락에만 주목했던 드러난 오류(overt error) 또는 감춰진 오류(covert error)와는 달리 **전반적 오류(global error)**와 **국지적 오류(local error)**는 화자가 전달하고자 하는 의도(intent)나 메시지(message)에 초점을 맞춥니다. 다음 예시들을 살펴보도록 하지요(Burt & Kiparsky, 1972).

    a. It's a great hurry around.
    b. Sometimes could be must, know what happen at around the man or worker.
    c. Let us work for the welldone of our country!
    d. The teacher was so good that the students were nailed to his lips.

문장 a와 b는 무슨 말인지 이해하기 어렵다는 점에서 전반적 오류(global error)라고 할 수 있습니다. 만일 대화 도중 이런 말이 갑자기 튀어나온다면 소통하는 데 문제가 생기겠지요. 국지적 오류(local error)는 소통에 지장을 주지는 않을 정도의 오류, 다시 말해 듣는 사람이 화자의 의도를 비교적 정확하게 추측할 수 있을 정도의 오류를 가리킵니다. 문장 c의 경우 welldone이라는 다소 엉뚱한 단어가 섞여있지만 전반적인 의미는 충분히 이해할 수 있습니다. 또한 문장 d에서도 뒷부분이 다소 이상하지만, 선생님이 너무나 훌륭하게 잘 가르치는 분이라서 학생들이 입술에 못을 박았다는, 즉 아무도 입을 벌리지 않았다는 의미는 어느 정도 추측해낼 수 있습니다.

(3) 언어의 차원/영역(levels or domain of language)

이것은 학습자의 오류가 언어의 어떤 측면에서 일어난 것인지 구분하자는 것입니다. 여기에서 의미하는 언어의 차원 또는 영역에는 발음을 포함한 음운론

(phonology), 철자(orthography), 어휘(lexicon), 문법(grammar), 담화(discourse) 등 여러 가지가 있지요. 물론 어떤 경우에는 오류의 차원이 어떤 것인지 정확하게 가려내기가 어렵고 여러 차원이 중첩되어 있을 수도 있습니다. 다음 예시들을 살펴보도록 하지요(Lennon, 1991).

a. We wich you an happy bird date.
b. I left Boston soon for Niagara Falls to reflesh myself.
c. He grow up and became an obscure typewriter at a office.
d. I was so depressed. However, I felt the world was coming to end.

문장 a의 경우, 명백한 오류가 여러 군데 보입니다. 먼저 'wich'는 음운의 문제라고 할 수도 있지만 철자의 문제일 수도 있지요. 또한 'an'은 문법상의 오류이며 'bird date'는 어휘 차원의 오류라고 판단되지만 음운이나 철자 차원의 오류일 수 있습니다.

문장 b의 경우, refresh라고 말한다는 것을 'reflesh'라고 잘못 말하고 있으므로 음운 차원의 오류로 생각됩니다. 물론 이것이 글에서 나타났다면 철자상의 오류라고 할 수도 있지요.

문장 c의 경우, grow가 시제상의 오류임은 앞뒤 맥락을 통해 알 수 있으므로 문법 차원입니다. 또한 사람이 typewriter가 되었다는 말에는 웃음이 나올 수밖에 없겠지요. 아마 typist라고 할 것을 잘못 말한 것으로 보입니다. 어휘 차원의 오류지요. 그렇더라도 형용사 obscure가 typist와 어울릴 수 있는지는 여전히 문제가 되네요. 따라서 이 부분 역시 어휘 차원의 오류로 판단할 수 있습니다.

문장 d의 경우, 연결어 However를 중심으로 앞의 문장은 완벽합니다. 뒤에 오는 문장 역시 사소한 문법적 오류(coming to an end와 같이 부정관사를 삽입해야 함) 이외에는 완벽하지요. 문제는 연결어에 있지요. However는 앞뒤가 서로 대조를 이루는 경우에 사용되는데, 문장 d는 그렇지 않다는 것입니다. 따라서 이는 담화 차원의 오류로 판단하게 되지요.

이상과 같이 언어가 가진 다양한 차원(또는 영역)의 오류를 자세히 살펴보았습니다. Lennon(1991)이 이러한 제안을 한 까닭은 학습자 오류가 어떤 차원에서 일어난 것인지 정확하게 파악할 수 있다면, 그에 따라 교사의 오류 처치(error treatment)가 비교적 쉬워지기 때문인 것 같네요. 참고로 Lennon(1991)은 오류의 또 다른 범주로서 **정도(extent)**를 제안하였는데, 이것은 오류를 바로잡기 위해 어떤 작업을 어느 정도나 해야 하는가 하는 것입니다. 이를테면 오류를 제거하거나(delete), 대체하거나(replace), 필요한 다른 말을 제공하거나(supply), 순서를 바꾸거나(reorder) 등 언어 차원에서 보완 작업이 요구된다는 것이지요. 앞에 제시한 문장 d의 경우, 담화 차원의 오류를 바로잡으려면 However 뒤에 나오는 문장 전체를 그 앞의 내용과 어울리도록 바꾸거나(이것은 매우 큰 작업이지요), 아니면 간단히 연결어 However를 Also와 같은 다른 말로 바꾸면 됩니다. **정도(extent)** 개념이 의미하는 바는 이런 것이지요.

(4) 오류의 종류: 추가, 생략, 대치, 치환

학습자 오류와 관련하여 **추가(addition)**, **생략(ommission)**, **대치(substitution)**, **순열(permutation)**의 네 가지 범주는 수학적인 개념에서 나온 것인데, 때로는 교사가 오류의 원인을 정확히 짚어내는 데 유용한 시사점을 제공해줍니다. 다음 예시들을 살펴보도록 하지요(Brown, 2014).

   a. Why to not from worse make a little better?
   b. I went to movie.
   c. I lost my road.
   d. She have will been here two years next month.

문장 a의 경우, 부정사를 만드는 전치사 to를 제거하면 비교적 무슨 의미인지 이해될 수 있습니다. 그런 점에서 이런 오류는 추가(addition)에 의한 것이지요.

문장 b의 경우, movie 앞에 정관사를 생략(ommission)함으로써 발생한 오류입니다. 문장 c의 경우에는 lose my way라고 할 것을 lose my road로 잘못 대치(substitution)함으로써 생긴 오류지요. 문장 d의 경우에는 미래완료 시제 will have been의 순서를 혼동한 데서 나온 오류입니다. 원래 수학적 개념인 순열(permutation)은 n개의 숫자를 중복 없이 순서를 고려하여 나열하는 것을 가리키는 용어입니다. 예컨대 숫자가 세 개(1, 2, 3)가 있다고 하면, 이것들을 중복 없이 나열하는 방법은 총 여섯 가지가 되지요(1-2-3, 1-3-2, 2-1-3, 2-3-1, 3-1-2, 3-2-1). 학습자는 미래완료를 구성하는 will, have, been의 나열 순서를 혼동하고 있는데, 이러한 오류를 명명함에 있어서 수학적 개념을 가져온 것입니다.

지금까지 학습자 오류를 식별하는 방법과 관련하여 여러 학자들의 이론을 상술하였습니다. 교사 입장에서 학습자들이 오류를 범했을 때 어떻게 대처할 것인가 하고 고민할 때, 이상의 식별 방법들이 얼마나 도움이 될까요? 다음에는 그러한 실제적인 대처 방법에 대해 설명하겠습니다.

4) 학습자 오류에 대한 대처

학생들이 학교에 오는 까닭을 학생의 관점에서 바라보면, 학습 과정에서 어떤 오류를 범했을 때 선생님을 통해 그러한 오류가 바로잡혀지고 더 나은 발전을 할 수 있을 것이라는 기대감이 있기 때문일 것입니다(Cathcart & Olsen, 1976). 그것이 전반적 오류든 국지적 오류든 말이지요. 물론 오류를 바로잡는 과정은 대개 문법 관련 학습이 주를 이루기 때문에 비호감이 없지는 않지요(Loewen et al., 2009).

학습자 오류에 대한 현재까지의 주된 흐름은 어떤 오류가 되었든 **직접적인 처치(direct treatment)**는 하지 않도록 하자는 것이며(Krashen & Terrell, 1983), Hendrickson(1980) 역시 오류 처치에 대한 실제적인 제안으로서 교사는 전반적 오류(global errors)와 국지적 오류(local errors)를 구별할 필요가 있다고 주장하였습니다. 이러한 주장의 밑바탕에는, 가르치는 사람이 없는 자연스러운 환경에서는(in natural, untutored environments) 제2언어 학습자가 범하는 전체 오류 중 지극히 적은 양만 교정된다는 생각이 깔려 있지요(Chun, Day, Chenoweth, & Luppescu, 1982). 그리고 그러한 교정의 대부분은 전반적 오류(global errors)에서만 이루어지고, 교정 방법도 대화 중간에 흐름을 끊고 교정하는 것이 아니라 학습자의 말이 다 끝난 후 말할 차례가 되었을 때까지 기다려준다는 것입니다(Day, Chenoweth, Chun, & Luppescu, 1984).

한편, Kathleen Bailey(1985)는 학습자가 범하는 오류(error)에 대해 교사가 효과적으로 대처하는 방법으로서 다음과 같은 네 가지 선택지(options)를 들고 있습니다.

(1) 처치할 것인가 아니면 무시하고 넘어갈 것인가(to treat or ignore).
(2) 지금 처치할 것인가 아니면 나중으로 미룰 것인가(to treat now or later).
(3) 다른 학생을 지명하여 처치를 시작하도록 할 것인가(stimulate other learners to initiate treatment).
(4) 처치 효과를 위해 테스트할 것인가(to test for the effectiveness of the treatment).

아울러 어떤 형태가 되었든 일단 처치를 하기로 정했을 경우, 교사에게는 다음과 같은 또 다른 선택지가 있다고 하였지요.

(1) 단지 오류가 일어났다는 사실만 지적해준다(simply indicating the fact that an error occurred).
(2) 일어난 오류의 유형을 지적해준다(indicating the type of error that occurred).

(3) 올바로 교정된 형태를 시연해준다(modeling a correction).

이러한 선택지들은 매우 기본적인 예시들이라 할 수 있으며, 교사는 교수 학습이 이루어지는 상황 맥락에 따라 학습자의 입장을 보다 세심하게 고려한 오류 처치 방법을 찾아내고자 고민할 필요가 있습니다.

5) 학습자 오류에 대한 피드백

학습자 오류가 나타났을 때 교사가 취할 수 있는 에 대한 피드백 유형은 다음과 같습니다.

(1) 되고쳐주기(recast)

대화 도중 학습자가 오류를 범했을 때, 대화가 끊기지 않도록 주의하면서 올바른 형태로 고쳐서 학습자에게 되돌려주는 방법입니다. 아래 예시를 살펴보세요 (Brown, 2014).

> Learner: I lost my road.
> Teacher: Oh, yeah, I see, you lost your *way*. And then what happened?

"길을 잃었다"고 표현하는데 학습자가 way라고 해야 할 것을 road로 잘못 말했지요. 이에 교사는 학생의 말을 듣고 적절한 응답한 다음, 올바른 형태로 고쳐서(you lost your way) 다시 말해주고 있습니다. 이 방법은 암묵적 유형(implicit type)에 속하지요.

(2) 명료화 요청(clarification request)

학습자가 범한 오류에 대해 무슨 말인지 이해하지 못했음을 지적하면서 문제가 된 발화에 학습자의 주의를 끌어들이는 방법입니다. 아래 예시를 살펴보세요 (Sheen & Ellis, 2011).

Learner: We go to July 4 fireworks and crackers were very loud.
Teacher: Did you really mean "crackers" -- little biscuits that you eat?

학습자의 말에 나오는 "July 4 fireworks"는 미국 독립기념일(Independence Day)인 7월 4일에 거행되는 불꽃놀이 행사를 가리킵니다. 불꽃놀이에 사용되는 폭죽을 firecracker라고 하는데 아마 학습자는 앞부분을 잘 몰라서 빠뜨리는 오류를 범한 것 같네요. 이에 교사는 "crackers"는 바삭바삭 소리가 나는 비스킷을 가리키는데 정말로 "crackers"를 말한 것이냐고 묻고 있네요. 그러니까 몰라서 그런 것이 아니라면 분명하게 다시 말해보라는 것입니다. 이 방법은 명시적 유형(explicit type)에 속하지요.

참고로, 1776년 7월 4일 당시 영국의 식민지였던 13개 식민지(colonies)는 함께 연합하여 독립선언서(the Declaration of Independence)를 공포하고 영국과의 전쟁에 돌입합니다. 이로써 개별 식민지(colony)는 국가(state)로 격상되었는데, 이렇게 개별 국가 13개가 하나로 연합하였으므로 United States (US)가 탄생하였지요.

(3) 메타언어적 피드백(metalinguistic feedback)

메타언어(metalanguage)라는 말에서 접두어 meta란 "더 높은, 초월한"이라는 뜻입니다. 그러니까 메타언어란 보통 사용하는 언어를 뛰어넘거나 초월한 경지에서 사용하는 언어라는 뜻이 되는데, 쉽게 다음 예문을 볼까요?

a. *Time and tide <u>wait</u> for no man.
b. *Dave <u>has graduated</u> from this school last year.

위에 있는 문장 a와 b는 모두 비문(ungrammatical sentence)입니다. 문장 a는 '세월은 사람을 기다려주지 않는다.'라는 뜻으로, 속담이나 격언은 항상 현재 시제로 쓴다는 규칙에 어긋납니다. 그래서 동사 wait를 waits로 바꿔주어야 올바른 문장이 되지요. 또한 문장 b의 경우, has graduated는 현재완료 시제인데 현재완료는 last year처럼 과거를 나타내는 어구와는 함께 쓰지 못합니다. 그래서 has graduated를 graduated로 바꿔주어야 하지요. 자, 이렇게 어떤 문장이 '옳다' 또는 '그르다'라고 할 때 우리는 평소 의사소통할 때 사용하는 언어가 아니라 그러한 언어 형태를 어떤 개념이나 용어로 바꿔놓은 후, 이러한 개념이나 용어들을 사용하여 규칙이나 원리를 설정합니다. '현재 시제', '동사', '현재완료 시제', '과거' 등이 바로 그것인데, 이러한 개념이나 용어를 메타언어라고 하지요. 쉽게 말해 메타언어란 문법 용어를 가리킵니다. 자, 그러면 메타언어적 피드백과 관련된 아래 예시를 살펴보세요(Lyster, 2004).

Learner: I am here since January.
Teacher: Well, okay, but remember we talked about the present perfect tense?

지난 1월 이후로 여기에 있었다면 현재완료 시제를 사용해야 하는데 학습자는 단순 현재(present simple) 시제를 사용하였네요. 이에 교사가 현재완료 시제에 대해 이야기하고 있음에 유의하라고 지적하는데, 교사의 피드백에 메타언어가 사용되고 있습니다. 이 방법 역시 명시적 유형(explicit type)에 속하지요.

(4) 도출(elicitation)

도출이란 학습자가 오류를 범했을 때 올바른 큐(cue)를 제공하거나 오류와 관련된 질문을 함으로써 스스로 오류를 수정하게(self-correct) 하는 기법입니다. 이 기법은 학습자가 이미 알고 있는데 실수한 것이 확실한 경우, 또는 오류와 관련된 내용을 학습한 시점으로부터 시간이 오래되지 않아서 학습자가 이를 기억해 낼 가능성이 높은 경우에 흔히 사용되지요. 학습자가 올바른 형태를 이끌어내도록 도와준다는 의미에서 '유도'라고도 합니다. 아래 예시를 살펴보세요(Brown, 2014).

Learner: (to another student) What means this word?
Teacher: Uh, Luis, how do we say that in English? What *does* ...?
Learner: Ah, what does the word mean?

학습자가 다른 동료에게 단어의 의미를 물어보는데 조동사 does를 빠트렸지요. 이에 교사가 그럴 때 영어로 어떻게 말하더라? 하고 질문을 던져줍니다. 그러면서 올바른 큐(cue), 즉 'What *does* ...?'를 제공하지요. 학습자는 교사가 제공해준 큐를 활용하여 문법적으로 바르게 표현할 수 있었습니다. 결과적으로 교사의 질문과 큐를 통해 학습자는 자기 수정(self-correction)하였지요. 이 방법은 교사가 오류를 분명하게 지적하고 있으므로 명시적 유형(explicit type)에 속한다고 할 수 있습니다.

(5) 명시적 수정(explicit correction)

학습자의 오류에 대해서 어떤 형태가 잘못이라고 명시적으로 지적함과 아울러 올바른 형태를 제공하는 형태의 피드백입니다. 아래 예시를 살펴보세요(Brown, 2014).

Learner: When I have twelve years old ...

Teacher: No, not *have*. You mean, "when I *was* twelve years old ...

학습자가 동사 be 대신 have로 잘못 사용하자 교사는 단호한 어조로 have가 아니라고 지적하면서 was가 올바른 표현임을 알려주고 있습니다. 이 방법은 제목도 그런 것처럼 명시적 유형(explicit type)에 속하지요.

(6) 반복(repetition)

학습자가 오류를 범했을 때, 그 발화에서 잘못된 부분을 반복해주되, 올바른 형태로 고쳐주는 기법입니다. 아래 예시를 살펴보세요(Brown, 2014).

Learner: When I have twelve years old ...
Teacher: When I *was* twelve years old ...

이 기법이 (5)번 명시적 수정과 다른 점은 무엇일까요? 그렇습니다. (5)에서는 "No, not *have*."와 같이 오류가 있다는 점을 분명하게 지적하였음에 비해, (6)에서는 그러한 언급 없이 단지 오류가 일어난 부분만 반복해주고 있지요.

이제 피드백 유형과 관련된 2019학년도 중등 임용고사(영어) 2교시 전공A의 3번 문항을 살펴보도록 하겠습니다.

3. Read the dialogue and follow the directions. [2 points]

T: What are you going to do this weekend?
S: I will go to a market with my mom.
T: Is there anything you want to buy?
S: Eggs. Many eggs.
T: Is that all you want?
S: No. I will buy many bread and cheese, too.
T: (1) Well, you said you will buy... buy...
S: Buy bread and cheese. Ah, buy a lot of bread. I will buy a lot of bread and cheese.
T: Why will you buy them?
S: I like to make sandwiches. I will make many sandwiches.
T: Do you have any other plans?
S: I have many homework so I will study for many hours.
T: (2) Well, what word do we use with homework?
S: Many homeworks? No, a lot of? Yes, a lot of homework.

Fill in the blank with the ONE most appropriate word.

_____ refers to a type of the teacher's corrective feedback that directly induces the correct form of an error from the learner. One technique of this is to induce the correct form of an error by prompting the learner to reformulate the error and complete his or her own utterances, which is seen in the teacher's first corrective feedback, (1), in the dialogue. Another technique is to use questions to lead the learner to produce correct forms as shown in the teacher's second corrective feedback, (2), in the dialogue.

제시된 교사와 학생간 대화 내용을 살펴보면, 이번 주말에 무엇을 할 계획이냐는 질문에 학생은 엄마와 함께 시장에 갈 것이라고 대답합니다. 거기서 무엇을 살 거냐는 질문에는 달걀을 많이 살 것이라 말하지요. 그게 전부냐는 물음에는 빵과 치즈도 많이 살 것이라고 합니다. 그런데 교사는 학생의 응답에서 문법적 오류를 발견합니다. bread와 cheese는 셀 수 없는 명사(uncountable noun)이므로 양으로 취급하여 'much' 또는 'a lot of'를 사용해야 하는데 'many'로 잘못 말한 것이지요. 이에 교사는 (1) 학생이 올바로 말한 부분까지만 말한 후, 그 다음은 말을 흐리면서 학생에게 완성하도록 유도하고 있습니다.

다음으로 왜 빵과 치즈를 사느냐고 묻자 학생은 샌드위치 만드는 것을 좋아한다고 말합니다. 그 외 다른 계획이 있느냐는 물음에 숙제가 많아서 공부할 것이라고 대답하지요. 여기서 교사는 학생의 또 다른 오류를 알아차립니다. 숙제(homework) 또한 'many'로 수식할 수 없는 명사인데 'many homework'라고 잘못 말한 것이지요. 이에 교사는 (1)과는 달리 homework라는 단어는 어떤 단어와 함께 쓰는 거냐고 질문을 던집니다. 학생의 오류를 지적은 하였지만 오류 수정은 학생 스스로 해보도록 큐만 던져준 것이지요. 이에 학생은 무슨 오류인지 알아차리고 'a lot of homework'와 같이 올바른 표현으로 고칩니다.

지시문의 내용을 살펴보면, 빈칸에 있는 용어를 설명하고 있지요. 이 기법은 학습자로부터 오류에 대한 올바른 형태를 직접적으로 이끌어내는(directly induces) 교사의 피드백 유형을 가리킵니다. 이것의 한 가지 기법은 학습자가 오류를 재구성하여(reformulate) 발화를 완성하도록 촉구함으로써 올바른 형태를 유도하는 것인데, 이것은 대화에서 교사의 첫 번째 피드백 (1)에서 찾아볼 수 있습니다. 또 다른 기법은 대화에서 교사의 두 번째 피드백 (2)에서 찾아볼 수 있는 것처럼 학습자가 올바른 형태를 산출할 수 있도록 이끌기 위해 질문을 사용하는 것입니다.

이상 대화문과 지시문의 내용을 종합하면, 빈칸에 들어갈 말은 도출(elicitation) 기법임을 알 수 있습니다.

정답 ☞ elicitation

10. 독해 전략

◆ 글을 읽고 이해(독해)하는 데 전략이 필요한 까닭은 무엇인가요?

☞ 무엇에 관한 내용인지 전혀 모르는 상태에서 어떤 이야기나 기사를 읽으면 그것이 모국어로 된 경우에도 이해하기 어렵다고 합니다(Horwitz, 2008). 마찬가지로 제2언어 학습자도 앞으로 읽게 될 글이 어떤 종류의 글인지 모르면 독해 과정에서 어려움을 겪을 수 있지요. 더욱이 제2언어 학습자는 읽으려고 하는 글의 문화적, 역사적 배경과 관련하여 사전지식을 갖추지 못한 경우도 많습니다. 그러므로 읽기를 지도하는 교사는 글을 읽기 전에 그 내용을 예측해보게 할 필요가 있지요. 실제로 모국어 독해와 제2언어 독해 관련 연구에서는 학습자가 특정 주제와 관련된 배경 지식을 많이 갖고 있을수록 글을 더 효과적으로 읽는다는 결과가 보고되고 있습니다(최연희, 전은실, 2006; Hamp-Lyons, 1985). 따라서 교사는 학습자들이 글을 읽기 전에 배경 지식을 활성화할 수 있게 해줄 필요가 있지요.

다양한 독해 전략들이 분석되고 성공적인 독해 전략의 특징들이 밝혀지면서 효과적인 독해 전략 사용에 관한 연구가 활발하게 이루어졌습니다. 단어 추측 전략이나 중심 내용을 찾아내는 전략 등의 효과 연구(Kern, 1989), 의미망 작성(semantic mapping) 전략과 ETR(Experience-Text-Relationship, 자신의 경험과 읽기 자료를 연결시키는 것) 전략의 효과 연구(Carrell, Pharis, & Liberto, 1989), ETR 전략과 RT(Reciprocal Teaching, 이해 점검을 촉진하는 전략)의 효과 연구(Salataci & Akyel, 2002) 등 다양한 연구 결과 이해 능력이 향상되었고, 연구 대상자들은 예측, 선험 지식 활용 등의 하향식 전략을 전보다 더 많이 사용하였으며, 또한 자신의 읽기 행동이나 읽기 과정을 점검하는 메타인지 전략을 교육 후에 더 많이 사용하는 것으로 관찰되었습니다. 독해 전략이 필요한 이유는 바로 이러한 연구 결과에 바탕을 두고 있다고 하겠지요.

1) 독해 전략의 필요성

독해 전략이란 글의 속성에 따라, 읽는 목적에 따라, 그리고 상황 맥락에 따라 텍스트 처리 방법을 다양하게 하는 것을 가리킵니다(Wallace, 2012). 독해를 지도할 때 **전략에 기반을 둔 지도(strategy-based instruction, SBI)**를 지지하는 연구들은 많지요(Anderson, 1999, 2004, 2014; Grabe & Stoller, 2014). 이러한 전략에는 계획하기(planning), 자기 점검하기(self-monitoring), 그리고 독해 과정 평가하기(evaluating one's own reading processes)와 같은 메타인지 전략도 포함되는데, Grabe(2004)는 읽는 동안 다양한 전략을 조화롭게 사용할 필요가 있다고 했지요. 한편, Eskey(2005)는 읽기 전(pre-reading)이나 읽기 중(while-reading), 또는 읽기 후(post-reading) 및 후속 읽기 등에 다양한 전략이 필요함을 상기시켜 주고 있습니다.

2) 10가지 독해 전략

여러 연구를 통해 밝혀진 독해 전략들 가운데 실제로 교실에서 독해 지도 시 사용할 수 있는 전략 10가지를 설명하면 다음과 같습니다(Brown & Lee, 2015). 여기에서 일부 전략은 **상향식 처리과정(bottom-up process)**과 관련이 있고, 다른 것들은 **하향식 처리과정(top-down process)**을 향상시키는 것과 관련이 있지요.

(1) 읽기 목적 확인하기(identify the purpose in reading)

효율적인 읽기는 읽는 목적을 분명히 할 때 이루어질 가능성이 높습니다. 그렇게 함으로써 읽는 과정에서 무엇을 찾고 있는지 알 수 있고, 그와 관련이 없는 산만한 정보는 제거할 수 있지요. 도대체 읽는 이유를 잘 모르는데 읽고 이해했다고 한들 어떤 용도로 사용할 수 있을까요? 이런 점을 생각하면 독해 기법을 가르칠 때마다 읽는 목적을 분명히 할 필요가 있습니다.

(2) 상향식 해독에 도움이 되도록 문자소 규칙과 패턴 사용하기(use graphemic rules and patterns to aid in bottom-up decoding)

영어 학습의 초급 단계에서 읽기를 배울 때 어려운 점 중 하나는 구어와 문어를 서로 대응시키는 것입니다. 영어의 철자 규칙은 매우 복잡하기 때문에 학습자들이 익숙해져 있는 구어에 문어를 상응시키기가 쉽지 않지요. 상향식 모형(bottom-up models)은 바로 독해 초보자를 염두에 둔 것으로서, 글자 및 소리 인식과 같은 기초 수준에서 시작하여 형태소와 단어 인식, 그 다음에는 문법 구조와 문장 수준으로 나아가도록 지도합니다. 이후에는 보다 긴 지문에 대한 독해로 발전하겠지요(Anderson, 2003).

독해 지도의 초기 단계에서 문자소(grapheme)와 음소(phoneme)을 일대일 대응시키는 일은 그리 어렵지 않겠지만 다른 관계들은 어려울지도 모릅니다. 이러한 어려움을 극복하는 데 도움을 주는 지도 방법으로는 파닉스(phonics)가 있지요. 파닉스에서는 학습자가 모르는 단어를 만났을 때 그 단어를 이루고 있는 작은 단위(소리)로 쪼갠 후, 개별 단위에 대한 지식을 바탕으로 단어를 읽을 수 있도록 지도합니다. 일단 이렇게 단어를 읽을 수 있게 한 이후 전후 맥락을 통해 그 단어에 대한 이해로 나아가게 하지요.

(3) 유창성 향상을 위해 효율적인 묵독 사용하기(use efficient silent reading techniques for improving fluency)

초급 수준의 독해라면 활용 가능한 어휘나 문법 패턴이 제한적이기 때문에 유창성 향상을 도모하기는 어려울 것입니다. 그러나 중급에서 고급 수준의 학생들에게는 빠른 읽기 속도가 요구되지요. 다음은 읽기 속도를 높이는 데 도움이 되는 방법들입니다.

- 글에 있는 개별 단어를 "발음할" 필요가 없다.
- 시선을 옮길 때마다 한 단어 이상, 가능하면 구 단위로 인식하고자 노력하라.
- 어떤 단어가 전체적인 이해에 절대적으로 중요하지 않다면, 그냥 건너뛰고 그 의미를 문맥을 통해 추론하려고 노력하라.

묵독(silent reading)은 글자 그대로 소리를 내지 않고 읽는 것입니다. 독해란 본질적으로 글을 읽고 이해하는 것이므로 단어나 문장을 읽어갈 때 반드시 소리를 내어야 하는 것은 아니지요(Anderson, 2003). 다만, 읽기의 초급 단계에서는 단어나 문장을 소리내어 읽게 함으로써 얻게 되는 이점이 있기 때문에 교사들은 구두 읽기(oral reading)를 선호하는 것입니다. 또한, 한 번에 읽는 단어수를 증가시킨다면 결과적으로 읽기 속도가 빨라질 수 있지요. 이를 '시폭(eye span)'이라 하는데 Hawes(2006)에 따르면 읽기 능력이 우수한 독자(the efficient reader)는 한 번에 여러 단어를 하나의 의미 단위(a meaningful unit)로 읽기 때문에 속도도 빠를 뿐 아니라 이해도도 높다고 합니다. 참고로, 평균 수준의 읽기 능력을 가진 영어 원어민의 평균 읽기 속도는 분당 200-240단어 정도이고 이해력은 50-70%라고 합니다(Buzan, 1997).

(4) 요지 파악을 위한 텍스트 훑어 읽기(skim the text for main ideas)

훑어 읽기(skimming)의 목적은 글의 주제는 무엇이고 글쓴이가 말하고자 하는 메시지, 즉 요지가 무엇인지 빠르게 알아내기 위한 것입니다. 이런 점에서 요지 파악을 위한 읽기(reading for gist)라고도 하지요. 예컨대, 영화관에 온 사람은 어떤 영화를 볼 것인지 결정하기 위해 여러 가지 영화 리뷰를 훑어 읽기할 수 있습니다(Thornbury, 2006). 훑어 읽기를 지도하는 한 가지 방법으로는 학생들에게 읽어야 할 지문을 배부한 후 30초 정도 시간을 준 다음, 글을 덮고 그들이 알아낸 것을 말해보도록 하는 것이지요. 이러한 **훑어 읽기** 과정을 거치면 본격적인 읽기를 할 때 보다 유리한 위치에서 출발할 수 있게 됩니다.

(5) 특정 정보 찾아 읽기(scan the text for specific information)

글에 있는 어떤 특별한 정보를 찾아내기 위해 빠른 속도로 읽어 내려가는 것으로 **훑어 읽기(skimming)**와 함께 가장 널리 사용되는 독해 전략 중 하나입니다. 예컨대, 주인공의 이름이나 날짜, 중요한 개념의 정의를 찾아내게 하는 것이지요. 이와 같이 **찾아 읽기(scanning)**의 목적은 특정 정보를 찾아내는 것이므로 글 전체를 읽을 필요는 없다는 점을 깨닫게 해야 합니다. 직업 관련 영어(vocational English)나 일반 영어(general English)에서 찾아 읽기는 매우 중요한데, 일정표(schedules)나 제품사용 설명서(manuals), 또는 양식(forms) 등과 같은 장르의 글을 신속하게 다룰 필요가 있기 때문이지요.

(6) 의미 중심 지도 그리기나 무리 짓기 사용하기(use semantic mapping and clustering)

하나의 글에 여러 아이디어나 많은 사건이 포함되어 있으면 글을 읽고 난 후에도 전체 모습이 그려지지 않아서 글 전체를 이해하는 데 어려움을 겪을 수 있습니다. 이런 경우, 의미에 따라 여러 아이디어들간의 관계를 (마치 지도를 그리듯이) 시각적으로 연결해보면 이해도를 크게 높일 수 있지요. 하나하나의 나무와 함께 숲 전체가 보이는 것처럼 말입니다. 물론 이러한 의미 중심 지도 그리기(semantic mapping)는 개별 학생 혼자서 할 수도 있지만 학생들이 함께 공동 작업으로 하게 할 수도 있지요.

(7) 확실하지 않을 때 추측하기(Guess when you aren't certain)

추측하기(guessing) 또는 추론하기(inferencing)는 다음과 같이 독해의 전 과정에서 사용되는 전략이라 할 수 있겠지요.

- 단어의 의미 추측하기(guess the meaning of a word)
- 대명사 지칭어와 같이 문법적 관계 추측하기(guess a grammatical relationship, e.g., a pronoun reference)
- 담화 관계 추측하기(guess a discourse relationship)
- 함축된 의미 추론하기(infer implied meaning)
- 문화적 참고사항에 관해 추측하기(guess about a cultural reference)
- 내용 메시지 추측하기(guess content messages)

이처럼 추측이나 추론이 독해의 전반적인 과정에 두루두루 적용되는 전략이라 하더라도 아무런 근거 없이 추측에만 의존하는 위험한 독자(haphazard readers)가 되도록 부추겨서는 안 되겠지요. 학생들은 자신이 가진 언어적 및 인지적 기능을 최적으로 활용함으로써 추측이 가능한 한 정확해질 수 있도록 주의해야 합니다. 그렇지만 결국 독해란 결국 Goodman(1967)이 말한 바와 같이, 독자가 의미를 구축해가는 심리언어적 추측 게임(psycholinguistic guessing game)이고, 이 게임을 보다 빨리 이해하면 할수록 독자가 얻는 것은 더 풍부해질 것입니다.

교사는 학생들에게 효과적인 **보상 전략(compensatory strategies)**을 사용하도록 격려함으로써 정확하게 추측할 수 있도록 도움을 줄 수 있습니다. 학습자는 이용 가능한 단서라면 무엇이든 사용하려는 지적인 시도(intelligent attempts)를 통해 자신의 부족한 능력을 메울 수 있지요. 예컨대, 언어 기반 단서(language-based clues)로는 긴 단어를 여러 부분으로 분석해보거나, 단어와 관련된 연상(associations)을 떠올려보거나, 또는 텍스트 구조를 살펴보는 것 등이 있습니다.

한편, 비언어적인 단서에는 문맥이나 상황, 또는 다른 스키마 등을 활용하는 것이 포함되지요.

(8) 어휘 분석하기(analyze vocabulary)

글을 읽다가 모르는 단어를 만났을 때, 가장 좋은 해결책은 바로 맥락을 통해 그 의미를 추측해보는 것입니다(Nuttall, 1996). 그렇지만 다음과 같은 어휘 분석 방법 또한 상당히 유용한 전략이라 할 수 있지요.

- 단서가 되는 접두어(co-, inter-, un- 등) 찾기
- 단서가 되는 접미어(-tion, -tive, -ally 등) 찾기
- 익숙한 어근(roots) 찾기

위와 같은 분석 방법 이외에도 정보의 신호등 역할을 하는 문법적 맥락을 찾아본다든가, 혹은 의미론적 맥락을 통해 어떤 단서를 찾아보는 것 역시 활용도가 높은 전략이라 할 수 있습니다.

(9) 글자 그대로의 의미와 함축된 의미 구별하기(distinguish between literal and implied meanings)

어떤 발화를 듣거나 문장을 읽을 때, 그것이 진짜 의미하는 바를 이해하려면 글자 그대로의 의미, 즉 겉으로 나타난 의미만으로는 화자나 글쓴이의 의도를 제대로 파악하기 어려운 경우가 종종 있습니다. 다음 예시를 살펴보도록 하지요(Brown, 2014, p. 211).

a. "I can't find my umbrella."
b. "I'm okay."

c. "We forgive those who trespass against us, but we also tow them."

첫째, 비가 오는 날 직장에 늦을까봐 서두르는 남편이 아내를 향해 다소 높은 어조로 문장 a와 같이 말했다면, 남편의 의도는 우산을 못 찾겠다는 사실의 진술일까요? 그렇지는 않을 것입니다. 그의 진정한 의도는 우산 찾는 일을 도와달라고 요청하는(demand) 것이며, 아내는 남편의 의도를 알아차리고 현관으로 뛰어나오겠지요.

둘째, 식사에 초대를 받아 가서 주인으로부터 커피 대접을 받고는 단숨에 들이켰어요. 그러자 주인이 커피 더 하겠느냐고 묻기에 문장 b와 같이 말했다면, 내 말의 의도는 무엇일까요? "좋아요."라는 뜻, 그러니까 더 달라는 뜻입니까? 아니지요. 주인의 호의를 완곡하게 거절하는 것입니다.

셋째, 혼잡한 도심지에 위치한 교회 주차장에 문장 c와 같은 표지판이 걸려있다면, 이 표지판의 진정한 의도는 무엇이겠습니까? 'forgive'와 같은 말에 현혹되었다가는 낭패를 볼 수도 있어요. 진정한 의도는 주차하지 말라는 것입니다.

위 예시에서 알 수 있는 것처럼, 글자 그대로의 의미와 함축된 의미를 구별하여 진정한 의도를 파악하는 데는 상황 맥락을 바탕으로 정교한 하향식 처리(sophisticated top-down processing) 과정 및 화용적(pragmatic) 정보에 대한 처리가 요구됩니다.

(10) 관계 처리를 위한 담화 표지어 활용하기(capitalize on discourse markers to process relationships)

담화 표지어(discourse markers)란 단락이나 절 또는 문장을 통해 표현된 아이디어들 사이의 관계를 나타내주는 말을 가리킵니다. 담화 표지어의 몇몇 예로는 'therefore'나 'however', 'as a result' 등을 들 수 있는데, 'therefore'는 어떤 결론을 내릴 때 흔히 사용되고, 'however'는 앞의 내용과는 반대되는 내용을 전개할 때 사용되며, 'as a result' 뒤에는 어떤 일로 인해 생겨난 결과를 진술할 때 사용되지요. 따라서 담화 표지어들의 의미와 기능을 잘 이해하고 있으면 글에 대한 이해력을 크게 향상시킬 수 있습니다.

3) 독해 전략 지도의 중요성

독해를 지도할 때 교사가 주의해야 할 점은 '독해 평가(testing reading)'가 아니라 '독해 지도(teaching reading)'를 해야 한다는 것입니다. 전통적인 독해 지도 방법은 대개의 경우 텍스트를 읽은 후 이해 점검 질문(comprehension checkup questions)에 답하도록 하는 것이었지요. 그러나 이런 방식은 바로 '독해 평가'입니다. '독해 지도'를 하는 까닭은 학습자들이 글을 더 효율적으로 읽고 이해할 수 있도록 하는 것이지요. 따라서 교사는 독해 과정에서 학습자들이 필요로 하는 다양한 기법이나 전략을 알게 하고, 훈련을 통해 숙달되도록 하며, 궁극적으로는 그러한 기법이나 전략을 무의식적으로 다른 글에도 적용할 수 있게 하는 것입니다(Thornbury, 2006).

이제 독해 전략과 관련된 2025학년도 중등 임용고사(영어) 2교시 전공A의 12번 문항을 살펴보도록 하겠습니다.

12. Read the passage in <A> and <B>, and follow the directions. [4 points]

<A>

Metacognitive awareness of reading strategies is considered a conscious procedure utilized by readers to enhance text comprehension and encourage active reading. Understanding its importance, Ms. Yu, a high school English teacher, used the Metacognitive Awareness of Reading Strategy Questionnaire to measure students' awareness on three categories of reading strategies. These include Global Reading Strategies (GLOB), Support Reading Strategies (SUP), and Problem-Solving Strategies (PROB). She also interviewed her students after the survey.

The Metacognitive Awareness of Reading Strategy Questionnaire

Category	Item	1	2	3	4	5
GLOB	G1. I have a purpose in mind when I read.					
	G2. I think about what I know to help me understand what I read.					
	G3. While reading, I decide what to read and what to ignore.					
	G4. I take an overall view of the text to see what it is about before reading it.					
	...			...		
SUP	S1. I paraphrase what I read to better understand it.					
	S2. I take notes while reading to help me understand what I read.					
	S3. While reading, I translate from English into my native language.					
	S4. I use reference materials (e.g., a dictionary) to help me understand what I read.					
	...			...		
PROB	P1. When the text is unclear, I re-read it to increase my understanding.					
	P2. I try to guess the meaning of unknown words or phrases.					
	P3. I adjust my reading speed according to what I am reading.					
	P4. I try to visualize information to help understand what I read.					
	...			...		

Note: 1 = never, 2 = occasionally, 3 = sometimes, 4 = usually, 5 = always

<B>

Based on the survey results, Ms. Yu conducted interviews with the students who reported low ratings in the survey. Parts of the interview excerpts are below. One of the interview questions was "Do you feel challenged while reading?" After the interview, Ms. Yu identified reading strategies that students need to promote their active reading skills.

Interview Excerpts

S1: "I thought reading was just about understanding the words. When I don't understand something, I tend to skip over it. I think if I try to draw a picture in my mind when I'm not sure, I'll understand texts much better."

S2: "I usually analyze texts sentence-by-sentence until I fully understand them. After checking my low ratings on the questionnaire, I found that reading selectively may help me become a more efficient reader."

Note: S = student

Identify the TWO items of reading strategies in <A> that Ms. Yu may apply to her reading instruction in relation to <B>. Then, explain your answers, respectively, with evidence from <B>.

제시된 설문지에서 세 가지 범주(GLOB, SUP, PROB)별로 각각의 문항 내용은 다음과 같지요.

G1. 나는 글을 읽을 때 목적을 염두에 둔다.
G2. 나는 내가 읽은 것을 이해하는 데 도움이 되도록 내가 아는 것에 대해 생각해본다.
G3. 나는 읽는 도중에 무엇을 읽을지 그리고 무엇을 무시할지 결정한다.

G4. 나는 텍스트를 읽기 전에 그것이 무엇에 관한 것인지 알기 위해 텍스트를 전반적으로 살펴본다.

...

S1. 나는 읽은 것을 더 잘 이해하기 위해 다른 말로 바꿔 표현한다.

S2. 나는 읽은 것을 이해하는 데 도움이 되도록 읽는 도중 메모한다.

S3. 나는 읽는 도중 영어를 나의 모국어로 번역한다.

S4. 나는 읽은 것을 이해하는 데 도움이 되도록 참고 자료(예: 사전)를 사용한다.

...

P1. 나는 텍스트 내용이 분명하지 않을 경우, 이해를 증진시키기 위해 다시 읽는다.

P2. 나는 모르는 단어나 구의 의미를 추측하려고 노력한다.

P3. 나는 무엇을 읽느냐에 따라 읽는 속도를 조정한다.

P4. 나는 읽은 것을 이해하는 데 도움이 되도록 정보를 시각화려고 노력한다.

...

제시문 <B>의 내용을 살펴보면, 설문조사 결과를 바탕으로 유선생님은 설문에서 낮은 점수를 보고한 학생들을 대상으로 인터뷰를 하였습니다. 아래 내용은 인터뷰 내용 중 일부를 발췌한 것이지요. 인터뷰 질문 중 하나는 "읽는 도중 어렵다고 느끼나요?"였습니다. 인터뷰가 끝난 후, 유선생님은 학생들의 적극적인 독해 기술을 증진시키는 데 필요한 독해 전략들을 찾아냈습니다.

인터뷰 발췌 내용

S1: "독해는 단어를 이해하는 것이라고 생각해요. 어떤 것이 이해되지 않으면, 저는 그것을 건너뛰는 경향이 있어요. 확실히 알지 못할 때 마음속으로 그림을 그려보면 텍스트가 훨씬 더 잘 이해될 것이라고 생각해요."

S2: "대개의 경우, 저는 텍스트를 충분히 이해할 때까지 그것을 문장 단위로 분석해요. 설문지에서 낮은 점수를 확인한 후, 저는 선택적 읽기를 (reading selectively) 하면 보다 효율적인 독자가 되는 데 도움이 될 수 있음을 알게 되었어요."

지시문의 내용은, <B>와 관련하여 유선생님이 독해 지도 시간에 적용할 수 있는 독해 전략의 두 가지 문항을 찾아내고, <B>에서 근거와 함께 답을 설명하라는 것입니다.

첫 번째 학생(S1)의 답변 내용을 보면, 어떤 독해 전략을 적용해야 할지 알 수 있습니다. 먼저, "무슨 뜻인지 이해되지 않을 때 건너뛰는" 문제점이 있지요. 다음으로 "확실히 알지 못할 때 마음속으로 그림을 그려보는" 것은 텍스트에 대한 이해도를 높여주는, 즉 효율적인 독자가 되는 데 도움이 됩니다. 이것은 첫 번째 학생의 장점이라고 할 수 있지요.

첫 번째 학생이 가진 문제점을 두 번째 학생의 답변과 연계하여 "선택적으로 읽을 경우 보다 효율적인 독자가 될 수 있지요." 따라서 독해 지도 시 G3 전략(나는 읽는 도중에 무엇을 읽을지 그리고 무엇을 무시할지 결정한다.)을 적용하면 됩니다. 다음으로 첫 번째 학생의 장점과 연관된 P4 전략(나는 읽은 것을 이해하는 데 도움이 되도록 정보를 시각화려고 노력한다.)을 적용하면, 문장 단위로 분석하는 두 번째 학생에게 도움이 될 것입니다.

정답 예시 ☞ TWO items of reading strategies Ms. Yu may apply to her reading instruction are G3 and P4. S2 decided to what to read and what to ignore by reading selectively after checking his/her low ratings on the questionnaire. S1 tries to visualize information to help understand what he/she reads by drawing a picture in his/her mind when he/she's not sure when he/she doesn't understand the words during reading.

11. 교과서 개작

◆ 교과서를 개작해야 하는 까닭은 무엇인가요?

☞ 교과서(textbooks)는 학교 수업에서 사용되는 책을 가리키는 것으로 교사나 학생의 교수학습 활동은 바로 교과서를 기반으로 하고 있습니다. 한때 교과서는 신성, 불가침의 절대적인 것이라는 생각이 우리나라 교육계에 널리 퍼져있었지요(김영숙 외 5인, 2004). 그런데 사실 교과서는 가르치는 데 활용되는 여러 가지 **교재(teaching materials)** 중 하나입니다. 과거 책이 교재의 주종을 이루다 보니 오늘날에도 책(book) 형태로 된 교과서는 교수활동에서 여전히 중심 역할을 하고 있지만, 인터넷을 포함한 각종 미디어 기술의 발달로 인해 서책형 교과서의 역할은 점점 줄어들 것으로 예상됩니다. 특히 2025년부터 사용될 것으로 예상되는 디지털 교과서로 인해 이러한 현상은 더욱 가속화될 것 같네요.

교육 현장에서 교사가 교수활동을 계획할 때 교과서를 개작해야 하는 가장 큰 이유는 교과서가 구체적인 어느 특정 집단을 두고 만들어진 것이 아니라는 (Graves, 2003) 사실 때문입니다. 이 말은 교과서의 내용이나 수준이 특정 학교의 특정 학생들에게 적합하지 않을 수도 있다는 뜻이지요. 현대 영어교육의 지향점이 **특수성 교육(pedagogy of particularity)**이라는(Kumaravadivelu, 2001) 점을 감안하면, 교과서를 학습자에게 적합하도록 개작하는 이유는 분명하다고 할 수 있습니다.

1) 교과서 개작의 필요성

교재는 교육기관에서 운영하는 강좌나 프로그램에서 학생과 교사가 사용할 수 있도록 제작된 것으로서 주로 서책 형태를 띠기 때문에 교과서라고 부릅니다. 교재는 언어의 네 기능 모두를 신장시키는 데 초점을 맞추기도 하고, '듣기'나 '쓰기'와 같은 특정 기능에만 초점을 맞추기도 하며, '호텔 관리'와 같은 특정 내용 영역에만 초점을 맞추기도 합니다. 또한 교재 하면 '책'만을 떠올리던 옛날과는 달리 기술의 발달 덕분에 최근에는 CD나 DVD, 인터넷 자료 등이 하나의 꾸러미(packages)를 이루어 제공되고 있지요(Graves, 2003). 그렇지만 아직도 교육 현장에서 가장 널리 사용되는 교재는 교과서라 할 수 있는데, 그 이유로 배두본(1999, p. 41)은 다음과 같은 점을 지적하고 있습니다.

(1) 학습 내용과 교수 방법이 적절한 순서에 따라 조직되고 체계화되어 있다.
(2) 한 교사가 수집한 자료보다 더 광범위한 자료를 제공한다.
(3) 개인의 능력과 학습 정도에 따라 진도를 조절할 수 있다.
(4) 교사가 학생들의 수준에 따라 내용을 결정하여 학습시키는 데 쉽게 이용할 수 있다.
(5) 교수와 학습 및 평가의 내용과 절차가 객관적이다.
(6) 운반이나 휴대가 용이하여 시간과 장소에 구애받지 않고 이용이 가능하다.
(7) 준비 시간과 이용 빈도를 고려하면 매우 경제적이다.

전술한 바와 같이 교재는 특정 집단을 상정하여 쓰여진 것이 아니고, 내용이나 언어 수준 등의 측면에서 교재 개발자들이 가장 적합하다고 생각하는 것들을 임의의 기준에 따라 선정(selecting)하여 한 권의 책으로 조직(organizing)한 것입니다. 그런데 그러한 선정이나 조직이 이루어질 때 개발자들의 주관적인 생각이나 경험이 개입될 가능성은 다분하지요. 사실, 우리나라에서 사용되는 교과서가 오늘날처럼 다양한 종류가 나오게 된 배경에는 개발자들의 이러한 주관성도 배제할 수 없는데, 그로 인해 학교 현장과 잘 맞지 않는다는 비판이 일었습니다.

우리나라의 경우, 교과서는 '국정 교과서' → '검정 교과서' → '인정 교과서'로 변천해왔는데, '국정 교과서'란 글자 그대로 국가에서 정한 교과서를 말하지요. 다시 말해 교과서에 수록되는 내용 및 수준을 포함하여 집필자 선정 등 모든 제작 과정에 국가가 직접적으로 관여하는 것입니다. '검정 교과서'란 국가가 아닌 민간 출판사에서 집필자를 선정하여 교과서를 제작하되 국가가 정한 검정 기준을 통과한 교과서를 말하지요. 국가는 출판사가 집필자들이 교육과정, 집필 기준, 검정 기준 등을 준수하도록 함으로써 간접적으로 관여하지요. '인정 교과서'란 국정이나 검정 교과서가 없을 경우, 교육부장관의 인정을 받은 교과서를 말합니다. 한편, '자유 발행 교과서'는 출판사나 집필자가 정부 기관의 검인정 절차 없이 출판한 교과서를 지칭하는데, 우리나라는 아직까지 '자유 발행 교과서'는 없고, '국정 교과서'와 '검인정 교과서'가 혼용되고 있지요. 참고로, 영어 교과의 경우, 현행 초등학교, 중학교 및 고등학교 영어 교과서는 모두 검정 교과서입니다.

국정이든 검인정이든 교사 입장에서 교과서가 항상 만족스러울 수는 없겠지요 (김영숙 외 5인, 2004). 수록된 내용이 학교 현장에 맞지 않을 수도 있고, 언어 수준의 난이도 역시 어떤 경우에는 너무 쉽거나 어려울 수 있습니다. 따라서 교사는 수업의 계획 단계에서 교과서에 수록된 단원 목표나 내용, 언어 기능별 활동 자료 및 절차, 언어 수준 등을 종합적으로 살펴본 후 적합성 여부를 판단할 필요가 있지요. 그리고 이러한 판단을 토대로 교과서에 있는 그대로 가르칠 것인지, 아니면 어떤 부분을 수정하여 가르칠 것인지 선택해야 합니다. 아울러 수정한다고 하더라도 어떤 측면에서 어느 정도까지 수정할 것인지도 결정해야 하겠지요. 이와 같이 교과서를 학습자에게 적합하도록 수정하는 작업을 **개작(adaptation)**이라고 합니다.

2) 교과서 개작 원리

어떤 교과서도 학습자들의 모든 필요를 충족시킬 수 없다는 점에 비추어 보면 교사는 먼저 수업 계획 단계에서 교재의 내용이나 활동, 또는 언어 수준이 자신이 가르치는 학생들에게 적합한지 검토하여 개작 여부를 결정해야 할 것입니다. 이러한 과정에서 적용할 수 있는 원리로는 Acklam(1994, p. 12)이 제안한 SARS 원리가 있지요.

S= **선택한다(Select)** → 교과서에서 사용할 수 있는 부분은 어떤 것인가?
A= **개작한다(Adapt)** → 교과서에서 기본적으로 사용은 할 수 있지만 학생들에게 또는 자신의 교수 방식에 더 적합하도록 하기 위해 어떤 방법으로 수정할 것인가?
R= **제거한다(Reject)** → 교과서에서 사용할 수 없는 부분은 어떤 것인가?
S= **보충한다(Supplement)** → 교육과정을 근거로 하여 교사가 가르치고자 하는 목표를 실현함과 동시에 학생들의 필요에 부응하기 위해 교과서에는 없는 다른 어떤 것을 보충할 것인가?

반복되는 말이지만 교과서는 정적(static)이거나 고정된(fixed) 자료가 아니고 단지 교사와 학생에 의해 활용되는 학습 도구의 하나라는 점을 기억할 필요가 있습니다(Graves, 2003). 따라서 교사는 학생들이 누구인지(나이, 관심, 공부하는 목적, 언어 수준), 자신이 속한 교육기관이 강조하는 바가 무엇인지, 이용 가능한 교수학습 자원은 어떤 것인지, 교수학습 과정에 소요되는 시간은 얼마인지, 스스로 중요하다고 생각하는 것은 무엇인지 등을 고려하여 SARS 원리에 따라 결정하면 되겠지요. 만일 특정 활동 X는 지나치게 많은데 활동 Y가 적다면, X를 줄이고 Y를 늘립니다. 만일 특정 활동 Z가 학생들에게 필요하지 않다고 생각된다면 Z는 생략하고 건너뛰면 되겠지요.

3) 교과서 개작 방법

교과서를 개작하는 방법에는 첨가(adding), 삭제(deleting), 수정(modifying), 단순화(simplifying), 그리고 재순서화(re-ordering) 등을 들 수 있습니다(김영숙 외 5인, 2004).

첨가(adding)는 다시 '양적 첨가(extending)'와 '질적 첨가(expanding)'로 구분되는데, 양적 첨가란 예를 들어 교과서에 제시되어 있는 'l'과 'r'의 발음 차이를 연습하는 **최소대립쌍(minimal pairs)**의 예가 충분하지 않다고 판단될 때, 그에 해당하는 예시(lake: rake)를 추가하는 것입니다. 이에 비해 질적 첨가란 말 그래도 질적인 확장을 뜻하는데, 예를 들어 교과서에는 최소대립쌍의 연습 문제만 제시되어 있는데, 교사가 판단하기에 이것만으로는 영어 발음 연습이 부족할 경우 문장 강세 연습이나 리듬 연습 등을 추가하는 것이지요.

삭제(deleting)는 첨가(adding)과 반대되는 개념으로 학생들이 이미 잘 알고 있어서 불필요하다고 생각되는 학습 내용이나 연습 문제 등을 건너뛰거나 삭제하는 것입니다.

첨가(adding)나 삭제(deleting)가 원래의 교과서 내용에서 무엇인가를 더하고 빼는 것임에 반하여 **수정(modifying)**은 내용 자체에 어떤 변형을 가하는 것을 가리킵니다. 수정의 종류에는 '다시 쓰기(rewriting)'와 '재구성하기(restructuring)'가 있는데, 예를 들어 교과서 본문이 딱딱한 서술형으로 되어 있는 경우 이것을 보다 쉽고 친근감 있게 제시하기 위해 대화체로 바꿔 다시 쓰기를 할 수 있지요. 이에 비해 재구성하기는 교과서에 있는 모둠 활동이 학생 수나 학급 상황에 적합하지 않을 때 그 모둠 활동을 학교 여건에 맞도록 재조정하거나 재설계하는 것입니다.

단순화(simplifying)는 본질적으로 앞에 나온 수정(modifying)의 한 가지 유형이라 할 수 있는데, 원래의 교과서 내용이나 언어 수준이 어렵다고 판단될 경우, 이를 단순화시키는 작업입니다. 예를 들어 교과서의 읽기 자료에 복잡하고 어려운 문장 구조가 많이 포함되어 있는데 학생들의 언어 수준이 그에 미치지 못한다면 해당 문장들을 보다 쉬운 문장으로 다시 쓸 수 있지요. 실제로 시중에는 다양한 수준의 영어 학습자들을 위해 어휘나 문장 구조 등을 조절하여 수준별 명작 시리즈가 많이 나와 있는데, 이것이야말로 단순화의 전형적인 사례라 할 수 있습니다. 특히 문학 작품을 교과서에 수록하는 경우, 흔히 어휘나 문법 등에서 단순화 작업을 거치게 되는데, 이렇게 하면 작품의 전체적인 스타일에 영향을 미치게 되지요. 결과적으로 원작자가 의도했던 의미나 의도가 변형될 수 있는데, 이는 어찌할 수 없는 필연적인 결과겠지만, 교사나 교과서 개발자들은 이러한 점을 알고 있어야 할 것입니다.

마지막으로 **재순서화(re-ordering)**는 교과서 내용의 순서를 바꾸는 것으로서 한 단원 내에서의 재순서화도 있을 수 있고, 단원과 단원 간의 재순서화도 가능할 것입니다. 특히 어떤 단원의 내용이 현재 학습 중인 다른 교과의 내용과 연관성이 있을 때, 또는 연중 또는 월별 학교 상황과 관련하여 학습 순서를 바꿀 필요가 있을 때라면 재순서화를 고려해볼 필요가 있지요.

4) 유용한 교과서 개작 방법: 개인화(personalizing)

교과서의 내용이 학생들 개인의 경험이나 상황과 동떨어져 있을 경우, 학생들은 교과서에 대해 흥미나 친근감을 잃고 학습에 무관심한 태도로 임하게 될 위험성이 있습니다. 이런 경우 교과서 개작 방법의 하나로서 **개인화(personalizing)**가 있는데, 이것은 교과서 내용을 학생들 개인의 경험이나 상황에 적절하도록 수정함으로써 학생들이 느끼는 현실감을 보다 강화하는 것입니다(김영숙 외 5인, 2004; Graves, 2003, Griffiths & Keohane, 2000). 예를 들어 어떤 단원에 외국의 어떤 도시를 소재로 하여 길을 묻거나 답하는 내용이 있을 경우, 이를 학생들 자신이 사는 도시나 마을로 바꿔 활동하게 하면 훨씬 더 유의미한 학습활동으로 다가오겠지요.

개인화(personalizing)는 어떤 활동을 준비하거나(preparing for an activity), 활동 중(during an activity), 또는 후속 활동(following up an activity)에도 적용할

수 있습니다(Graves, 2003). 예를 들어, 교과서에 수록된 식당 메뉴가 학생들의 실제 경험과 잘 맞지 않을 경우, 준비 활동으로서 교사는 학생들에게 학교 주변의 어떤 식당에 있을 것으로 예상되는 메뉴를 만들어보게 할 수 있지요. 그런 다음, 교사는 학생들에게 교과서에 있는 메뉴와 학생들이 작성한 메뉴를 비교하여 공통점이나 차이점을 찾아보게 할 수 있습니다. 이어지는 활동 중에 교사는 학생들에게 자신이 먹어보았던 음식과 시도조차 하지 않았던 음식에 대해, 그리고 다시 그 식당을 간다면 그 음식을 주문할 것인지 아닌지에 대해 토론해보도록 할 수 있지요. 후속 활동으로 교사는 학생들에게 자신이 자주 가는 식당의 종류, 그리고 대개 어떤 음식을 주문하는지에 대해 대화해보도록 할 수 있습니다.

요컨대, 교과서의 내용이나 언어 수준은 주어진 교육 여건에 맞게 얼마든지 변형 및 보완될 수 있습니다(김영숙 외 5인, 2004). 국가에서 규정하고 있는 교육과정을 바탕으로 제작된 교과서가 보다 효과적으로 사용될 수 있으려면, 교사는 자신이 처한 학교 현장에서 학생들의 다양한 필요(needs)에 맞추기 위해 보다 적극적으로 교과서를 개작할 필요가 있습니다.

이제 교재 개작과 관련된 2025학년도 중등 임용고사(영어) 2교시 전공A의 3번 문항을 살펴보도록 하겠습니다.

3. Read the passage and follow the directions. [2 points]

  Materials can be adapted by using different techniques such as adding, deleting, modifying, and reordering. For example, we can add materials when a language item is not covered sufficiently in the original materials. Materials that are too easy or difficult for learners can be deleted. Modifying can be used to make them more relevant to students' interests and backgrounds and to restructure classroom management. Reordering the sequence of activities is another technique, which includes separating items and regrouping them. Consider the original material extracted from a grammar exercise book and its adapted version below. In the adapted version, the original exercise has been adapted by using the ① _____ technique.

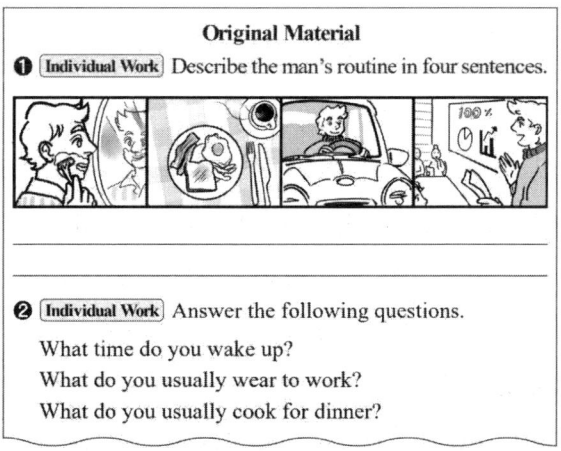

Adapted Material

❶ [Individual Work] Describe the student's routine in four sentences.

_____

❷ [Pair Work] Work in pairs and ask each other the following questions.

What time do you wake up?
What do you usually wear on school days?
What do you usually eat for dinner?

Fill in the blank ① with the ONE most appropriate word from the passage.

제시문 내용을 살펴보면, 교수 자료(materials)는 첨가(adding), 삭제(deleting), 수정(modifying), 그리고 재순서화(reordering)과 같은 기법을 사용하여 개작될 수 있습니다. 예를 들어, 어떤 언어 항목이 원래의 교재에 충분히 다루어지지 않았을 경우, 관련 자료를 첨가할 수 있지요. 학습자에게 너무 쉽거나 어려운 교수 자료는 삭제할 수 있습니다. 학생들의 흥미와 배경(background)에 더 부합되도록 하기 위해, 그리고 교실 관리(classroom management)를 재구조화하기 위해 수정이 사용될 수도 있지요. 활동 순서의 재순서화는 또 다른 기법인데, 이것에는 항목을 분리하거나 다시 그룹화하는 것이 포함됩니다. 문법 연습책에서 발췌한 원래의 교수 자료와 개작된 자료를 살펴보라. 개작된 자료에서는 원래의 연습이 _____ 기법을 사용하여 개작되었다.

지시문의 내용은 제시문에 있는 가장 적절한 한 단어로 빈칸 ①을 채우라는 것입니다. 원래의 교수 자료(original material)와 개작된 자료(adapted material)을 비교해보면, 다음과 같은 차이점이 보입니다.

(1) 사람: 성인 남자 → 학생
(2) 일과: 면도하기, 식사하기, 출근하기(승용차 운전), 발표하기(직장) → 이 닦기, 식사하기, 등교하기(버스), 수업 듣기(교실)
(3) 언어: the man's → the student's, to work → on school days, cook → eat

이상과 같은 변화는 학생의 경험이나 상황에 부합되도록 하기 위한 것임을 알 수 있지요. 따라서 이러한 변화에 적용된 개작 기법은 수정(modifying)입니다.

정답 ☞ modifying

12. 문화간 언어 학습

◆ **문화간 언어 학습이 필요한 까닭은 무엇인가요?**

　현대 영어교육에서 **문화간 소통능력(intercultural competence)**은 점점 더 많은 주목을 받고 있습니다. 이러한 경향은 성공적인 언어 학습에 있어서 문화간 소통능력의 중요성이 반영된 것이지요. Byram(2000)에 의하면, 문화간 소통능력이 있는 사람은(interculturally competent persons) 어떤 사회의 안과 밖 둘 다의 관계 속에서 문화를 인식할 수 있고, 각 문화를 다른 문화의 관점에서 해석할 줄 안다고 합니다. 그러한 사람은 자신의 문화나 다른 나라의 문화에 대해 비판적이면서 분석적으로 이해할 줄 알지요. 그래서 자신의 이해나 관점이 자연스럽다고 믿기보다는 자신의 관점, 그리고 자신의 사고가 문화적으로 결정되는 방식을 자각하고 있습니다(Brown & Lee, 2015).

　Blommaert(2013)이 지적하고 있는 것처럼, 초다양화되고(superdiverse) 있는 앞으로의 사회는 대단히 복잡할 것이기 때문에, 그 안에서 살고 행동하는 사람들에게는 상황 맥락에 따라 언어를 다양하게 사용할 줄 아는 능력이 더 강하게 요구될 것입니다. 이미 유럽에서는 의사소통능력(communicative competence)과 관련하여 문화 간 소통능력도 함께 논의되고 있는데, 이때 사회정치적 맥락에 특별한 주의를 기울이고 있다고(Kramsch, 2013) 하지요. 바로 이러한 점에서 문화간 언어 학습은 그 필요성이나 중요성이 점점 더 커질 것입니다.

　이제 문화간 언어 학습과 관련된 2025학년도 중등 임용고사(영어) 2교시 전공 B의 10번 문항을 살펴보도록 하겠습니다.

10. Read the passage in <A> and the interaction in <B>, and follow the directions. [4 points]

<A>

Intercultural language learning in the classroom can be conceptualized as a series of four interrelated processes: noticing, comparing, reflecting, and interacting. First, noticing is for learners to experience new input about culture and attempt to understand it. Teachers may use various exemplifications of the target culture as input, such as videos, written texts, and cartoons. Second, comparing occurs when learners are engaged in identifying similarities and differences between learners' culture and the target culture. Third, reflecting implies that learners make personal interpretations of experiences and react to linguistic and cultural diversity. Finally, interacting involves learners communicating personal meanings about their experiences, exploring those meanings, and reshaping them in response to others.

The two excerpts below are parts of students' speeches in class.

Excerpt from Seoyeon's Speech
"I imagined what I would and wouldn't like about attending a U.S. high school. I'd be excited about having many options for extracurricular activities, but I wouldn't want to join any sport teams because I don't like playing sports."

Excerpt from Taesoo's Speech
"I think the level of engagement in extracurricular activities seems different between Korean and U.S. high school students. For example, many U.S. high school students tend to spend much more time doing community service than Korean students."

As seen above, Seoyeon is most likely involved in the process of ① _____, and Taesoo is most likely involved in the process of ② _____.

<B>

(Seoyeon and Taesoo are talking about their speeches.)

Seoyeon: I really liked your speech. There are a lot of things we can do for the community when it comes to extracurricular activities.

Taesoo: Thank you. That was the exact point I wanted to make.

Seoyeon: I'd like to hear more about the ways in which we can serve our communities.

Fill in the blanks ① and ② each with the ONE most appropriate word from <A>, in the correct order. Then, explain one of the four processes in <A> that Seoyeon in <B> is most likely involved in with evidence from <B>.

제시문 <A>의 내용을 살펴보면, 교실에서의 문화간 언어 학습은 주목하기(noticing), 비교하기(comparing), 성찰하기(reflecting), 그리고 상호작용하기(interacting)의 네 가지 상호 연관된 일련의 과정(four interrelated processes)으로 개념화될 수 있습니다. 첫째, 주목하기는 학습자들이 문화에 대한 새로운 입력을 경험하고 그것을 이해하려고 시도하는 것이지요. 교사는 동영상, 글, 만화처럼 목표 문화의 다양한 실례들(exemplifications)을 입력으로 사용할 수 있습니다. 둘째, 비교하기는 학습자들이 자신들의 문화와 목표 문화 간 유사점과 차이점을 식별하는 데 참여할 때 일어나지요. 셋째, 성찰하기에는 학습자들이 경험에 대해 개인적으로 해석하고(personal interpretations) 언어 및 문화적 다양성에 반응하는 것을 의미합니다. 마지막으로 상호작용하기에는 자신들의 경험에 대한 개인적인 의미를(personal meanings) 전달하고, 그 의미를 탐구하며, 다른 사람들과 반응하여 재구성하는(reshaping) 것이 포함되지요. 아래 두 개의 발췌문은 수업 중 학생들이 말한 내용 중 일부입니다.

서연의 말 발췌문

"나는 미국에서 고등학교 다니는 것에 대해 하고 싶은 것과 그렇지 않은 것이 무엇일지 상상해보았어. 교과 외 활동으로는 선택할 수 있는 것이 많아서 좋겠지만 운동팀에 가입하고 싶지는 않아. 운동하는 것은 좋아하지 않거든."

태수의 말 발췌문

"내 생각에는 한국 고등학생과 미국 고등학생의 교과 외 활동 참여 수준은 서로 다른 것 같아. 예를 들어 미국 고등학생들 다수는 한국 학생보다 지역사회 봉사활동에 훨씬 더 많은 시간을 쓰는 경향이 있어."

위 내용에서 알 수 있는 것처럼, 서연은 ① _____의 과정에 관련되어 있을 가능성이 가장 높고 태수는 ② _____의 과정에 관련되어 있을 가능성이 가장 높다.

제시문 <B>, 서연과 태수 두 학생의 대화 내용은 다음과 같지요.
  서연: 네 말이 정말 좋았어. 교과 외 활동으로 말하면, 우리는 지역사회를
     위해 할 수 있는 일이 많아.
  태수: 고마워. 그것이 바로 내가 분명히 하고자 하는 점이었지.
  서연: 우리가 지역사회에 봉사할 수 있는 방법에 대해 더 많이 듣고 싶어.

지시문의 내용은 빈칸 ①과 ②에 각각 가장 알맞은 단어 하나를 <A>에서 찾아 순서대로 쓰고, <A>의 네 가지 과정 중 <B>의 서연이가 관련되어 있을 가능성이 가장 높은 한 가지 과정을 <B>에서 근거와 함께 설명하라는 것입니다.

먼저 서연의 말에는 미국의 교과 외 활동의 다양성에 대한 언급, 그리고 자신의 개인적 해석과 생각이 담겨 있으므로 성찰하기(reflecting) 과정에 관련되어 있을 가능성이 가장 높습니다. 다음으로 태수는 한국과 미국의 교과 외 활동 참여 수준의 차이에 주목하고 있으므로 비교하기(comparing) 과정에 관련되어 있을 가능성이 가장 높습니다.

이어 <B>에 나타난 서연의 말에서, 서연은 태수에게 자신도 같은 의견이라는 개인적 해석을 전달함과 동시에 태수의 말에 반응하여 지역사회에 대한 봉사 방법에 대해 더 많이 듣고 싶다는 재구성 수준까지 나아가고 있습니다.

정답 ☞ ① reflecting ② comparing

정답 예시 ☞ Seoyeon in <B> engages in the process of interacting. She communicates her personal meanings after learning about extracurricular activities in the U.S. Moreover, she reshapes her understanding of extracurricular activities to include diverse ways to provide community services in response to Taesoo.

제2부
영어교육평가론

13. 평가 도구의 요건: 타당성, 신뢰성, 실용성

◆ 대학수학능력시험의 영어 영역에서 말하기와 쓰기를 평가하나요?

☞ 위 질문에 대해 대부분의 사람들은 "그야 당연히 'No!' 아니겠어?"라고 답할 것입니다. 하지만 일견 당연해보이는 이 대답은 엄밀히 말하면 100% 맞는 말은 아닙니다. 수능 영어시험에서는 듣기와 읽기 이외에도 질문과 같이 말하기와 쓰기 능력을 평가하고 있습니다. 도대체 무슨 소리냐고요? 이를 이해하려면 평가에 관한 지식이 필요합니다.

1) 평가 방법: 직접 평가(direct test)와 간접 평가(indirect test)

"측정하고자 하는 기능을 수험자에게 수행해보도록 요구할 때(when it requires the candidate to perform the skill that we wish to measure) 이러한 시험을 직접 평가라고 합니다(Hughes, 2008, p. 17). 예를 들면, 운전면허 시험에서 수험자에게 거리로 나가 실제로 자동차를 운전해보게 한 다음 각종 교통 규칙을 잘 지키면서 다양한 상황에 적절히 대응하며 자동차를 운전하는 모습을 관찰하여 합격 여부를 결정한다면 이러한 운전면허 시험은 직접 평가라고 할 수 있습니다(이완기, 2003). 영어교육에서 직접 평가의 예로는 말하기나 쓰기와 같은 표현 기능을 측정하고자 할 때 잘 드러나게 되는데, 이를테면 말하기의 경우 실제로 영어를 사용할 수 있는 상황이나 조건을 만들어주고 그러한 상황이나 조건 하에서 영어를 사용하는 모습을 측정(평가)하는 것이지요. 쓰기의 경우에도 영어를 사용하여 글을 쓰게 하는 작문 시험 역시 직접 평가일 것입니다.

☞ 여기까지 읽으셨다면 앞의 질문에 대해 'No!'라는 답변은 올바른 답변이라 생각됩니다. 왜냐하면 수능 영어시험에서 실제로 영어를 사용하여 말해보거나 쓰도록 요구하지 않기 때문이지요. 그러나 잠시만 결론을 보류하고 계속 읽어봅시다.

한편, 간접 평가란 측정하고자 하는 능력의 기저에 깔려 있는 하위 능력을 측정하는 것입니다. 예를 들면, 영어의 문법 구조에 대한 지식이 영어로 글을 쓰는 능력에 영향을 미친다고 간주하여 문법 평가를 쓰기 평가로 사용하는 것이지요. TOEFL 시험의 '구조와 쓰기 표현(structure and written expression)에서 발췌한 다음 예시 문항을 살펴봅시다(Phillips, 2001, p. 145)

> 다음 밑줄 친 부분 중 잘못된 것을 고르시오.
> In 1732, coach (A) travelers could (B) got from New York (C) to Philadelphia in about two (D) days.

위 문항은 문법 지식을 평가하는 것이기는 하지만, 실제로는 쓰기 능력(측정하고자 하는 능력)의 기저에 깔려 있는 하위 능력(즉, 문법 구조에 대한 지식)을 평가한다 할 수 있습니다. '조동사 뒤에는 동사 원형이 와야 한다'라는 지식이 있어서 (B)를 정답으로 고를 수 있는 수험자라면 그가 영어로 글을 쓸 때 조동사 뒤에 동사의 과거형을 쓰는 오류를 범하지 않을 것이라고 가정하는 것이지요.

물론, 어떤 사람이 선다형 문법 문항에서 정답을 잘 선택하다고 해서 그가 글을 효과적으로 쓸 수 있다고 할 수는 없습니다(Bailey, 1998). '영어에 관한 지식(knowledge)이 많은 것'과 '영어를 실제로 잘 사용할 수 있는 기술(skill)이나 능력(ability)'은 서로 같지 않으니까요(이완기, 2003). 이를테면, 실제 운전에 능숙하지 못한 사람이라도 어떤 상황에서 어떻게 운전하는 것이 올바른지 넷 중에서 고르게 하는 선다형 시험에서는 얼마든지 좋은 점수를 받을 수 있습니다. 부연하면, 앞의 예시 문항에서 (B)를 정답으로 고른 수험자라 할지라도 영어로 글을 쓸 때 조동사 뒤에 동사를 반드시 원형으로 쓸 것인지는 분명하지 않다는 것이지요.

이쯤 해서 또 다른 예시 문항을 살펴봅시다(2024학년도 대학수학능력시험 영어 영역 11번).

대화를 듣고, 여자의 마지막 말에 대한 남자의 응답으로 가장 적절한 것을 고르시오.
① Right. We should've watched them.
② Why not? Just put the mat on the shelf.
③ Great. We can store some snacks at home.
④ I'm sorry. I can't find the parking lot.
⑤ No problem. I'll take care of it.

[Script]
W: Dad, we should leave soon to watch the fireworks in the park. Shall we bring something to eat?
M: Yeah, we might get hungry. Oh, we also need the picnic mat to sit on. I think I put it on one of the shelves in the storage room, but I'm not sure.
W: Then, could you find the mat while I pack some snacks and soft drinks?
M: _____

위 예시 문항의 대화 주제는 '공원 불꽃놀이(the fireworks) 준비'입니다. 여자, 그러니까 딸 아이는 불꽃놀이를 구경하는 동안 먹을 음식(some snacks)은 자신이 준비할 테니 남자, 그러니까 아빠에게는 앉을 자리(the picnic mat)를 찾아달라고 말하고 있지요. 그렇다면 여기에 이어질 아빠의 적절한 응답은 5번일 것입니다. 다른 선택지는 이 상황에서 적절한 응답이 아니며, 만일 아빠가 1번에서 4

번 중 어느 하나로 말했다면 그는 말하기 능력이 많이 부족한 사람이라고 해야 하겠지요. 결과적으로 이 문항은 일견 듣기 능력을 평가하는 것처럼 보이지만, 실은 말하기 능력의 유무를 알아보는 문항입니다. 다만, 직접적으로 말해보라고 요구하지 않았을 뿐입니다.

☞ 자, 처음 질문(수능시험 영어 영역에서 말하기 능력을 평가하는가?)에 대해 'No!'라는 답변이 정말 맞는 답변인가요? 지금까지의 설명을 종합하면 'No!'가 아닌 'Yes.'가 바른 대답입니다. 그렇지만, 부연설명은 필요하지요. '단지 간접 평가 방식이라서 수험자들이 말하기 능력을 평가한다고 느끼지는 못한다'라고 요. 요컨대, 수능시험 영어 영역에서는 말하기 능력을 평가하고 있으며 쓰기 능력 평가에 관해서도 얼마든지 예시 문항을 찾아볼 수 있습니다.

수험자가 수능시험의 11번과 같은 문제를 접했을 때 이 문항이 자신의 말하기 능력을 평가하는 문항이라고 느끼지 못하는 것 이외에, 간접 평가가 가진 실질적인 문제점은 시험에서 수험자가 보여준 '수행 결과(performance on indirect tests)'와 그가 '그 기능에 대해 실제 갖고 있는 능력' 사이의 관련성이 부족하다는 점입니다. 이러한 본질적인 약점 때문에 간접 평가는 직접 평가 옹호론자들로부터 많은 비판과 지적을 받아왔지요. 그럼에도 불구하고 오늘날 말하기나 쓰기와 관련해서는 간접 평가 방식이 널리 사용되고 있습니다. 왜 그럴까요? 그것은 바로 직접 평가를 실시하기가 곤란한 상황 때문입니다. 예를 들면, 수능시험의 경우 수험생만 해도 수십만 명에 달하는데, 직접 평가는 시행 및 채점 과정이 오래 걸릴 뿐만 아니라 본질적으로 신뢰도가 다소 떨어진다는 약점이 있습니다(최연희, 2004). 더욱이, 이러한 대규모 수험생들의 말하기 또는 쓰기 능력을 측정하고 평가하는 과정에 있어서 고도의 객관성과 신뢰성을 유지해야 한다는 제약도 있습니다. 왜냐하면 수능시험과 같은 고부담(high-stakes) 시험의 경우, 시험 결과에 따라 수험자의 삶이 큰 영향을 받기 때문이지요(Brown, 2004).

◆ 어떤 평가 도구(시험)가 좋은 것인가요?

☞ 평가 도구(시험)는 수험자가 가진 능력을 재기(측정하기) 위한 것이므로 무엇보다도 평가하려는 목적에 부합해야 하겠지요. 예를 들어, 대학수학능력시험은 글자 그대로 수험자가 대학에 입학하여 수학, 즉 전공하고자 하는 학문 분야의 공부를 할 수 있는 능력 유무를 측정해내는 것을 목적으로 하는 시험입니다. 이와 같이 평가 도구는 평가 목적에 잘 맞아야 하겠지요. 그러므로 평가 도구가 갖추어야 하는 요건 중 첫 번째는 바로 **타당성(validity)**입니다.

또한 평가 도구는 그 결과를 믿을 수 있어야, 즉 신뢰할 수 있어야 합니다. 대학수학능력 시험을 오늘 보았을 때의 점수(결과)와 내일 또 다시 보았을 때의 점수가 같거나 적어도 비슷해야 하지요. 만일 이 두 점수가 매우 큰 차이를 나타낸다면, 사람들은 평가 결과를 의심스러운 눈으로 바라볼 것입니다. 평가 도구가 갖추어야 할 두 번째 요건은 바로 **신뢰성(reliability)**입니다.

마지막으로 평가 도구는 **실용성(practicality)**이 있어야 합니다. 대학수학능력시험과 같은 대규모 인원을 대상으로 하는 평가는 평가 계획 수립, 평가 문항 제작 및 검토, 평가지 인쇄, 배포 및 관리, 평가 실시, 평가 결과 처리 등 시험과 관련된 제반 행정적인 처리과정이 대학입시라는 큰 틀에서의 정해진 기간 안에 완료될 수 있어야 합니다. 실용성이란 바로 이러한 점을 가리키지요.

2) 평가 도구의 요건: 타당성(validity), 신뢰성(reliability), 실용성(practicality)

평가 도구가 갖추어야 할 세 가지 요건이 무엇인지 알게 되었습니다. 이제 이와 관련된 임용고사 문항을 살펴보도록 하지요. 아래 문항은 2024학년도 중등임용고사(영어) 2교시 전공A의 1번 문항입니다.

1. Read the conversation and follow the directions. [2 points]

T1: Ms, Park, I hear that the provincial office of education is going to implement an Internet-based interactive English speaking test next year. What do you think?

T2: I think they're going in the right direction.

T1: But, you know, I'm not sure if we have enough human and material resources at the moment.

T2: Right. In order to develop such a large-scale test, we need to have test writers, raters, and item banks.

T1: Well, how would the office of education prepare for this in the short time available?

T2: The good news is that they're going to roll out pilot testing next month, starting with a small number of voluntary schools.

T1: Oh, I see. But I'm still wondering how they'll secure the resources necessary for full implementation.

T2: It seems they're going to recruit staff and technicians for the test centers while completing several preliminaries.

T1: Good. I guess in the mean time they can train teachers to write test items in order to construct the item banks.

T2: Right. I also heard the office of education has already laid out solid plans for that.

T1: That's good to know. Then we'll able to measure students' English speaking ability more effectively from next year.

T2: For sure. It's a step forward for all of us working in English education.

Fill in the blank with the ONE most appropriate word.

> In the above conversation, the two teachers talk about feasibility in the process of developing a large-scale test. The issue they discuss are related to one of the principles of language assessment or test usefulness, which is technically called _____.

두 명의 영어 교사가 내년에 시행 예정인 '인터넷 기반 상호작용식 영어 말하기 평가(an Internet-based interactive English speaking test)'에 대해 이야기를 나누고 있습니다. 두 사람은 시험을 시행하는 데 필요한 '인적 및 물적 자원(human and material resources)', 다시 말해 '평가 문항 작성자(test writers)'나 '평가자(raters)', 그리고 '문제 은행(test banks)'을 짧은 기간 내에 충분히 모집하거나 구축할 수 있을지 걱정하면서도 다음 달 몇몇 자원학교를 대상으로 시행되는 '모의시험(pilot testing)'에 대해 기대를 나타내고 있습니다. 그렇지만 학교 전체를 대상으로 하는 완전한 실시에 필요한 자원을 어떻게 확보할 것인지에 대한 우려는 여전하지요. 어쨌든 교육부에서는 이와 관련한 분명한 계획(solid plans)을 이미 밝혔고 그렇게 되면 학생들의 영어 말하기 능력을 보다 효과적으로 측정할 수 있을 것이므로 결과적으로 한 단계 진일보된 영어교육이 이루어질 수 있을 것이라 기대하고 있네요.

현재 학교교육 현장에서 학생들의 영어 말하기나 쓰기 능력을 평가할 때, 가능하면 수행평가를 실시하여 평가하도록 권장하고 있습니다(교육부, 2022). 그런데 개별 학교처럼 소규모 학생을 대상으로 하더라도 영어를 사용할 수 있는 상황과 조건을 만들고 이를 통해 학생들의 말하기 또는 쓰기 능력을 평가하는 데는 많은 시간이 소요됩니다. 여기에 더하여 과정이나 결과 처리에 객관성과 신뢰성을 높여야 한다는 점까지 감안하면 교사 입장에서는 매우 부담스럽지요. 이러한 점을 고려하면, 영어 수능시험에서 대규모 수험생을 대상으로 말하기나 쓰기 능력을 직접적으로 평가한다는 것은 이상에 불과할 뿐 현실적으로 가능하지 않은 일입니다.

정답 ☞ practicality

14. 평가 문항 분석

◆ 문항 난이도가 높은 문제는 어려운 문제라는 뜻인가요?

☞ **문항 난이도**(item difficulty 또는 item facility)란 시험 문항이 얼마나 어려운지 반대로 얼마나 쉬운지를 나타내는 지수로서 '문항 곤란도'라 표현하기도 하며, 보다 흔하게는 '정답률'이라는 말이 사용되지요. 이것은 시험을 치른 총 인원수 중 정답을 맞춘 인원의 비율로 계산되는데, 그 계산식은 다음과 같습니다.

$$P = R/N \quad \begin{array}{l} N: \text{총 피험자수} \\ R: \text{정답을 맞춘 피험자수} \end{array}$$

위 계산식을 잘 살펴보면, 정답을 맞춘 피험자수가 많으면 난이도 지수 P는 커지고(높아지고) 정답자수가 적으면 난이도 지수 P는 작아지게(낮아지게) 됨을 알 수 있습니다. 따라서 위 질문에 대한 올바른 대답은 '아니오. 오히려 쉬운 문제입니다.'라고 해야 할 것입니다. 좀 이상하다고 느껴지나요?

1) 문항 난이도

앞의 설명이 좀 이상하게 느껴지는 까닭은 문항 난이도라는 용어 때문입니다. 왜냐하면 난이도가 '높다'는 말은 대개의 경우 '어렵다'는 뜻으로 생각되니까요. 이 때문에 일부 미국 학자들은 'item difficulty'라는 용어 대신 'item easiness'라는 용어를 쓰자고 주장하기도 합니다. 그러나 오랫동안 item difficulty라는 용어를 사용해왔고, 용어의 의미 또한 문항의 쉽고 어려운 정도를 나타내고 있으므로 item difficulty라는 용어(그리고 이를 번역한 문항 난이도)를 그대로 쓰고 있습니다. 예를 들어볼까요? 200명의 피험자에게 5문항으로 구성된 시험을 실시하여 아래와 같은 응답 자료를 얻었다면, 각 문항별 난이도는 다음과 같습니다(성태제, 2004, p. 194).

문항	N	R	P
1	200	10	.05
2	200	80	.4
3	200	50	.25
4	200	180	.9
5	200	100	.5

가장 어려운 문항은 1번 문항으로 200명의 피험자 중 10명만 답을 맞추었으므로 문항 난이도는 .05입니다. 한편, 가장 쉬운 문항은 4번 문항으로 200명 중 180명이 답을 맞추었으므로 문항 난이도는 .9로 계산됩니다. 결국, 문항 난이도 수치가 높으면 어려운 문제가 아니라 쉬운 문제, 반대로 문항 난이도 수치가 낮으면 어려운 문제가 됩니다. 우리의 직관과는 정반대지요?

참고로, 문항 난이도와 관련하여 어떤 문항이 피험자의 능력을 측정하는 적절한 문항인지 아닌지 판가름하는 절대적인 기준은 없지만, 일반적으로 .30 미만이면 매우 어려운 문항, .30이상-.80미만이면 적절한 문항, .80이상이면 매우 쉬운 문항이라고 평가합니다. 이러한 점에 대해 Cangelosi(1990)는 다음과 같은 기준을 제시한 바 있습니다.

문항 난이도	문항 평가
.25이하	어려운 문항
.25 - .75	적절한 문항
.75이상	쉬운 문항

◆ 문항 변별도가 중요한 까닭은 무엇인가요?

☞ **문항 변별도(item discrimination)**란 시험 문항이 피험자의 능력을 얼마나 차등 있게 가려내는지를 나타내는 지수입니다. 능력이 높은 피험자라면 정답을 맞출 수 있고, 능력이 낮은 피험자라면 정답을 맞출 수 없어야 한다는 뜻이지요. 이렇게 피험자가 가진 능력의 높고 낮음을 잘 가려낼 수 있는 문항은 변별도가 높다고 말합니다. 변별도를 계산하는 계산식은 다소 복잡하므로 여기에 제시하지는 않겠습니다.

2) 문항 변별도

문항 변별도를 나타내는 **변별도 지수(discrimination index)**는 1과 –1 사이의 값을 갖게 되는데, 만일 계수가 음수 값을 갖는다면 이 문항은 능력이 높은 피험자는 틀리고 능력이 낮은 피험자가 오히려 정답을 많이 맞추었다는 뜻이 됩니다. 따라서 이런 문항은 능력의 높고 낮은 정도를 반대로(부적으로) 가려내고 있으므로 나쁜 문항이라고 해야 하겠지요. 아울러 계수 값이 0으로 나왔다면 이는 능력이 높은 피험자와 낮은 피험자를 전혀 가려내지 못하는 문항이므로 역시 좋지 못한 문항입니다. 문항 변별도 계수는 높을수록 좋다고 할 수 있는데(이완기, 2003), 이와 관련하여 어떤 문항이 피험자의 능력 정도를 가려내는 적절한 문항인지 여부를 판가름하는 절대적인 기준은 없지만, 검사도구의 신뢰도와 관련하여 Ebel(1965)이 제시한 기준은 다음과 같습니다.

문항 변별도	문항 평가
.40이상	변별력이 높은 문항
.30 - .40미만	변별력이 있는 문항
.20 - .30미만	변별력이 낮은 문항
.10 - .20미만	변별력이 매우 낮은 문항
.10미만	변별력이 없는 문항

3) 내적 신뢰도

몸무게를 잴 수 있는 체중계가 A, B 두 개 있다고 하지요. 그런데 체중계 A는 몸무게를 잴 때마다 들쭉날쭉 서로 다른 값이 나오는데 비해 체중계 B는 거의 항상 일관성 있는 값을 나타낸다면 어떤 체중계를 믿어야 할까요?

이와 같이 인간이 가진 속성(예컨대 영어 독해력)을 측정하는 어떤 검사도구가 있다고 할 때 그 도구가 측정할 때마다 일관성 있게 거의 비슷한 결과를 나타낸다면 그 검사도구는 '믿을 수 있다', 즉 '신뢰도가 높다'고 말할 수 있지요. **신뢰도(reliability)란** 바로 측정하고자 하는 것을 얼마나 안정적으로, 즉 일관성 있게 측정하는지를 나타냅니다. 다시 말해 반복 측정에 따른 오차가 별로 없다는 뜻이지요.

검사 도구의 신뢰도는 크게 재검사신뢰도, 동형검사신뢰도, 내적일관성신뢰도의 세 가지로 구분할 수 있습니다(성태제, 1999). 그러나 재검사신뢰도(test-retest reliability)와 동형검사신뢰도(parallel-form reliability)는 동일한 피험자에게 검사를 두 차례 실시해야 한다는 번거로움이 따르며, 또한 두 차례 시험간의 간격과 검사 도구의 동형성 정도에 따라 신뢰도 계수가 바뀌는 문제점을 지니고 있지요. 이에 비해 내적일관성신뢰도(internal consistency reliability)는 검사를 두 차례 실시하지 않고도 신뢰도를 추정할 수 있다는 장점이 있습니다. 문항의 내적일관성신뢰도는 KR-20, KR-21, Hoyt신뢰도, Cronbach α 등이 있는데, 오늘날 가장 널리 사용되는 것은 Cronbach α입니다(성태제, 2004). 참고로 크론바하 알파 계수가 .7이상이면 신뢰롭다고 합니다(Nunnally, 1967).

4) 공인 타당도(concurrent validity)

공인 타당도는 하나의 평가 도구가 얼마나 타당한지 알아보기 위해 또 다른 평가 도구(대개의 경우 타당성을 이미 널리 인정받고 있는 시험)와의 유사성 또는 연관성에 의해 검증하는 것입니다(성태제, 2004; Alderson, Clapham, & Wall, 1995). 2010년을 전후하여 교육과학기술부 주도에 의해 국가영어능력시험(National English Ability Test, NEAT)을 개발하고자 하는 시도가 있었지요. TOEIC이나 TOEFL과 같은 해외 영어시험에 대한 의존도를 낮추고 막대한 외화 유출을 줄이기 위해 인터넷을 기반으로 하는 시험(IBT)이었으나 여러 가지 요인으로 인해 2015년을 끝으로 폐지되었습니다. 아무튼 NEAT 시험의 타당도를 측정하기 위한 방법(절차)은 다음과 같습니다.

첫째, 수험자 집단을 대상으로 NEAT 시험을 실시하여 결과를 얻습니다.
둘째, 똑같은 집단에게 똑같은 시험 상황에서 타당성을 인정받고 있는 시험, 예를 들면 TOEIC이나 TOEFL과 같은 표준화 시험(standardized test)을 실시하여 결과를 얻습니다.
셋째, 두 점수 결과의 상관계수(coefficient of correlation)를 측정합니다.

공인 타당도는 위와 같이 새롭게 개발된 평가 도구가 얼마나 타당한지 알아보고자 할 때 활용됩니다. 위와 같은 절차에 따라 측정된 상관계수에 대한 해석은 다음과 같지요(김정렬, 윤지여, 2006).

상관계수	관련 정도
.90이상	상관이 아주 높다
.70이상 - .90미만	상관이 높다
.40이상 - .70미만	상관이 확실히 있다
.20이상 - .40미만	상관이 있지만 낮다
.20미만	상관이 거의 없다

지금까지 문항 난이도, 문항 변별도, (문항의) 내적 신뢰도, 공인 타당도에 대해 알아보았습니다. 이러한 지식을 바탕으로 임용고사 문제를 살펴보도록 하지요. 아래 문항은 2024학년도 중등 임용고사(영어) 2교시 전공B의 6번 문항입니다.

---

6. Read the passages in <A> and <B>, and follow the directions. [4 points]

<A>

At a classroom assessment workshop, a teacher trainer taught how to interpret the results of an item analysis along with basic concepts of assessment using the data from an English reading test consisting of 25 multiple choice items. Table 1 shows the results.

Table 1. Results of Analysis

Item	IF	Item-Total Correlation	Alpha	Correlation with ERAT
1	0.48	0.57	0.86	0.75
2	0.54	0.61		
3	0.39	−0.21		
4	0.43	0.51		
5	0.33	0.55		

IF = Item Facility, ERAT = English Reading Achievement Test

The trainer explained the components of Table 1.

- Item difficulty (i.e., item facility) was measured by calculating the proportion of test takers who got the item correct.
- Item discrimination was assessed by item-total correlation which is a measure of correlation between an item and the total test score (a value of 0.3 or above indicating satisfactory discrimination).
- Internal consistency was measured by Cronbach's alpha (a value of 0.8 or above indicating satisfactory internal consistency).
- Evidence about the degree to which test scores agree with those provided by a test of similar construct administered at the same time was examined by correlation with the scores of the ERAT developed and validated by a well-known testing agency.

<B>

The trainer asked six teachers to interpret the results. The following are their interpretations.

- Teacher 1: Of the five items, Item 2 shows the highest power of discrimination and Item 5 is the most difficult.
- Teacher 2: Item 3 should be carefully investigated in terms of the probability of miskeying and the construction of item response options.
- Teacher 3: There is a close relationship between the test takers' performance on Item 4 and the total test score.
- Teacher 4: The extent to which test taker's performances on this test are consistent is acceptable.
- Teacher 5: In order to increase the internal consistency of the test, Item 1 and Item 3 should be deleted.
- Teacher 6: The correlation between this test and the ERAT displays the evidence of predictive validity.

Identify the TWO teachers in <B> whose interpretation is NOT correct. Then support your answers with evidence from <A> and <B>.

제시문 <A>의 내용을 살펴보면, 교사를 대상으로 하는 평가 관련 워크숍에서 강사(a teacher trainer)는 25개의 선다형(multiple choice) 문항으로 구성된 영어 독해력 시험 결과를 놓고 평가의 기본 개념 및 각각의 문항 분석(item analysis) 결과를 어떻게 해석할 것인지에 설명하고 있습니다. 표 1은 문항 분석 결과를 나타낸 것이지요.

첫째, 문항 난이도(즉, 문항 용이성)는 올바른 답을 맞춘 수험자의 비율로 계산되었다.
둘째, 문항 변별도는 하나의 문항과 총 시험 점수 사이의 상관성을 측정함으로써, 다시 말해 개별문항-총문항의 상관관계로 평가되었으며, 만족스러운 변별도는 0.3 또는 그 이상이다.
셋째, 내적 일관성은 크론바하 알파 계수로 측정되었는데, 만족스러운 내적 일관성은 0.8 또는 그 이상이다.
넷째, 시험 점수가 동시에 시행된 유사 시험에서 나타난 점수와 일치하는 정도에 대한 증거는 유명한 평가 기관에서 개발되어 타당성이 인정된 ERAT 점수와의 상관관계로 측정되었다.

다음으로 제시문 <B>의 내용을 살펴보지요. 강사는 6명의 교사에게 시험 결과를 해석해보게 하였고, 그들 각각의 해석은 다음과 같습니다.

교사 1: 다섯 개의 문항 중 2번 문항은 가장 높은 변별도를 보여주며 5번 문항은 가장 어려운 문항이다.
교사 2: 3번 문항은 (수험자가) 잘못된 단서를 따라갈 가능성, 그리고 응답 선택지의 구성과 관련하여 면밀한 조사가 있어야 한다.

교사 3: 4번 문항에 대한 수험자의 수행(점수)과 총점 간에는 밀접한 관련성이 있다.

교사 4: 이 시험에서 수험자가 보여준 수행(점수)의 일관성은 받아들일 만하다.

교사 5: 시험의 내적 일관성을 높이려면 1번 문항과 3번 문항이 제거되어야 한다.

교사 6: 이 시험과 ERAT 간 상관성은 예측 타당도가 있음을 증거해준다.

지시사항은 제시문 <B>에서 해석이 바르지 못한 두 명의 교사를 찾아내고, 그 근거를 <A>와 <B>에서 찾아 설명하라는 것이지요. 이제 개별 교사의 해석이 올바른지 검토해보겠습니다.

교사 1: 문항 변별도와 관련된 항목인 Item-Total Correlation을 살펴보면 2번 문항이 0.61로 가장 높습니다. 또한 문항 난이도와 관련된 IF를 살펴보면 5번 문항이 0.33으로 가장 낮습니다. 따라서 교사 1은 문항 분석 결과를 바르게 해석하고 있습니다.

교사 2: 문항 변별도를 나타내는 Item-Total Correlation에서 3번 문항은 음수 값(-0.21)이 나왔지요. 이는 앞서 말한 것처럼 수험자의 능력 수준이 높을수록 정답을 맞출 확률이 낮아진다는 의미가 됩니다. 따라서 3번 문항은 지시문과 선택지를 포함하여 전반적으로 주의 깊게 검토할 필요가 있습니다. 따라서 교사 2 역시 문항 분석 결과를 바르게 해석하고 있습니다.

교사 3: 문항 변별도 항목 Item-Total Correlation에서 4번 문항은 상관계수가 0.51입니다. 만족스러운 변별도 계수 0.3을 넘어서고 있지요. 따라서 교사 3 또한 문항 분석 결과를 바르게 해석하고 있습니다.

교사 4: 일관성과 관련된 항목 Alpha 계수는 0.86으로 상당히 높습니다. 따라서 교사 4도 문항 분석 결과를 바르게 해석하고 있습니다.

교사 5: 시험의 내적 일관성을 높이는 방법과 관련된 내용은 제시문 <A>에 명확하게 제시되어 있지는 않습니다. 그런 점에서 이 교사의 해석은 다소 엉뚱하다고 해야 하겠지요. 그러나 교사 1의 해석을 토대로 추정한다면, 변별도가 음수로 나온 3번 문항이 제거되어야 하는 것은 맞습니다. 그렇지만 1번 문항의 경우, 만족스러운 변별도를 나타내고 있을 뿐 아니라 문항 난이도도 0.48로서 적절한 난이도를 갖고 있으므로 1번 문항을 제거해야 내적 일치도가 높아진다는 해석은 바르지 못합니다.

교사 6: 이 시험과 ERAT 간 상관계수는 0.75입니다. 상관성이 높다고 할 수 있지요. 그러나 이 항목, 그리고 이와 관련된 제시문 <A>의 마지막 설명이 가리키는 타당도는 공인 타당도(concurrent validity)입니다. 그런데 교사 6의 해석은 공인 타당도가 아닌 예측 타당도(predictive validity)라고 잘못 해석한 것이지요. 이 문제는 수험자가 주의력을 끝까지 잘 유지하는지 여부를 테스트하는 것으로 생각되는데, 평가 문항 제작 이론상 그리 좋은 방법이라고 할 수는 없을 것 같습니다.

정답 예시 ☞ Teacher 5 and teacher 6 have incorrect interpretations. First, teacher 5 interprets that Item 1 and item 3 should be deleted to increase the internal consistency while only item 3 should be deleted since item 1 has item discrimination higher than 0.3, which is 0.57, and does not harm internal consistency. Second, teacher 6 says that the correlation between this test and the ERAT displays the evidence of predictive validity while it is concurrent validity in that the ERAT was administered at the same time with the reading test as a well-validated test by a well-known testing agency.

참고로 교사 6의 해석에서 언급된 예측 타당도(predictive validity)란 어떤 시험에서 얻은 점수를 통해 미래의 어떤 행위나 결과를 얼마나 예측해낼 수 있느냐 하는 것을 나타냅니다(성태제, 2004). 예를 들어, 모 대학에서는 대학수학능력시험에서 얻은 등급(A)과 학생이 대학에 입학한 이후 자신의 전공 분야에서 어느 정도의 학점을 받고 있는지 평균을 산출(B)하여 등급 A와 학점 평균 B 사이의 관련성 정도를 꾸준히 축적하고 있다고 하네요. 만일 이 둘 사이에 관련성이 높다면 수능 등급이 얼마인지 알면 그 대학에서의 성공적인 수학 가능성을 예측해낼 수 있겠지요. 이런 경우, 수능 등급은 (미래 대학 학업에서의 성공 여부에 대한) 예측 타당도가 높다고 할 수 있습니다.

15. 컴퓨터 적응 시험

◆ 컴퓨터 적응 시험이란 컴퓨터가 무엇에 적응한다는 뜻인가요?

☞ 컴퓨터 적응 시험(computer adaptive testing, CAT)은 컴퓨터를 기반으로 하는 시험으로서 현재 널리 사용되고 있습니다. 이 시험은 일단 처음 몇 개의 문항(이를 **초기 문항**, 영어로는 **the early items**라고 하지요.)을 제시합니다. 컴퓨터는 수험자의 응답을 채점 및 분석하여 수험자의 현재 수준을 파악하지요. 그런 다음에는 축적된 문제은행(a bank of possible items)에서 수험자의 수준에 가장 어울리는, 즉 그렇게 어렵지도 또는 그렇게 쉽지도 않은 문제들만 제시합니다(Brown, 2001). 결과적으로 컴퓨터가 **수험자의 능력 수준**에 적응하여 그에 적합한 문제를 제시하기 때문에 이런 이름이 붙었지요.

컴퓨터 적응 시험에서는 초기 문항에 대한 응답이 매우 중요합니다. 만일 초기 문항에서 응답이 낮으면 그에 따라 이후 제시되는 문제의 난이도가 낮아지기 때문에 모든 문제를 다 맞추었다고 해도 최고 점수를 받을 수는 없습니다.

컴퓨터 적응 시험(CAT)이 수험자의 현재 수준에 맞춰가는 메커니즘은 위에 언급하였지요. 그렇다면 CAT의 장점은 무엇일까요? 그것은 바로 축적된 문제은행 내에서 학습자의 수준에 적합한 문제만을 골라 제시해주기 때문에 적절한 난이도의 문항을 제공할 수 있다는 것입니다. 학습자는 적절한 정도의 도전감(challenge)을 느낌과 동시에 성공적으로 문제를 해결하는 과정을 통해 교육학적으로 긍정적인 자아관이 형성될 뿐 아니라 학습에 대한 자신감을 키워나갈 수 있지요.

이제 이와 관련된 2023학년도 중등 임용고사(영어) 2교시 전공A의 4번 문항을 살펴보도록 하겠습니다.

4. Read the passage and follow the directions. [2 points]

A test taker is sitting in front of a computer, examining some sample items, and quickly learns how to take computer-based tests. Meanwhile, a computer program begins to 'guess' his ability level, and keeps trying to 'match' the test with his current language ability. This is how this technique works.

The computer program usually begins by showing an item of moderate difficulty, for example, an item that the test taker has a fifty percent chance of getting right. If he gets this item right, the computer program reestimates his ability level in real time and shows either an item of equal difficulty or a slightly more challenging item. If the test taker gets his first item wrong, however, the computer program will show either an item of equal or slightly lesser difficulty. The test taker keeps taking the test until, for instance, he gets several items wrong in a row. To put it another way, the computer program repeats its matching work until it collects enough information to determine the test taker's current English ability level.

Fill in the blank with the THREE most appropriate words.

The testing procedure described above enables us to make more individualized and educationally useful tests. It can also provide test takers with a better test-taking experience with fewer items, and with increased precision. This testing procedure is commonly referred to as _____.

제시문 <A>의 첫 번째 문단을 살펴보면, 앞에서 설명한 컴퓨터 적응 시험의 초기 상황을 묘사하고 있음을 알 수 있습니다. 표본 문항(sample items)이란 바로 초기 문항을 가리키는 것이며, 이 문항들에 대한 응답을 바탕으로 컴퓨터 프로그램은 수험자(a test taker)의 능력 수준을 '추측(guess)'하여 이후 제시되는 문항의 난이도를 수험자의 능력 수준에 '맞춰주려(match)' 한다는 것이지요.

그 다음에 이어지는 문단 내용은 컴퓨터 적응 시험의 메커니즘을 본격적으로 설명하고 있습니다. 중간 난이도(moderate difficulty)의 문항이란 정답을 맞출 가능성이 50%인 문항이라는 것이지요. 이 문항을 바르게 맞추면 컴퓨터 프로그램은 실시간으로 수험자의 능력 수준을 재평가(reestimate)하여 동일한 난이도나 그보다는 약간 더 어려운 문항을 제시하지만, 틀릴 경우에는 동일한 난이도나 그보다 약간 쉬운 문항을 제시한다는 것입니다. 이런 방식의 시험은 수험자가 여러 개의 문항을 연속해서 틀릴 때까지 계속되는데, 이 말은 수험자의 현재 영어 능력 수준을 결정(파악)하는 데 충분한 정보를 수집할 때까지 '맞춰주는(match)' 작업이 반복된다는 것이지요.

지시문은 빈칸에 들어갈 알맞은 세 단어를 쓰라는 것인데, 제시된 지문의 내용은 "위에 언급된 시험 절차 덕분에 우리는 보다 개별화된, 그리고 교육적으로 더 유용한 시험을 제작할 수 있다. 또한 이러한 방법은 수험자에게 보다 적은 문항으로 더 나은 시험 경험을 제공하며, 정확도도 증가한다." 이러한 시험 절차를 흔히 무엇이라고 지칭하느냐 하는 것입니다.

정답 ☞ computer adaptive test

16. 선다형 문항 제작

◆ 좋은 선다형 문항은 어떤 요건을 충족해야 하나요?

☞ 선다형 문항(multiple choice form item)은 현재 가장 널리 사용되는 문항으로서, 두 개 이상의 선택지를 부여하고 그 중 맞는 선택지를 고르는 문항입니다. 선다형 문항은 쉬운 문항에서부터 어려운 문항을 제작할 수 있어서 다양한 시험에서 사용되고 있는데, 만일 선택지를 단순하게 제시하면 단순 기억능력을 측정하는 문항이 되고, 복합적인 선택지를 제시하면 고등 정신능력까지 측정할 수 있지요. 이런 점에서 선다형 문항이 암기 위주의 교육을 유도한다는 주장은 타당하지 않습니다(성태제, 2004). Wood(1977)도 선다형 문항이 창의성과 감각적 사고를 저해한다는 비판에 대해 반론을 제기한 바 있는데, 문제는 잘못 제작된 문항을 통해 시험이 실시될 경우 암기 위주의 교육이 이루어질 수 있고 결과적으로 학생들은 찍기 기술에 관심을 갖게 된다고(성태제, 2004) 합니다.

1) 선다형 문항의 유래와 특징

1900년 경 미국의 한 학교에서 한 학생의 기하학 시험 답안지를 116명의 교사에게 나누어주고 채점을 시킨 결과 점수 분포가 8점에서 92점까지 다양하게 나타났다고 합니다. 그런데 2개월 후 똑같은 답안지를 똑같은 교사에게 채점을 시킨 결과 1차에서 합격점을 주었던 교사 중 15명이 2차 채점에서는 불합격점을 주었고, 1차에서 불합격점을 주었던 11명의 교사는 2차에서 합격점을 주었다고 합니다(이완기, 2003). 주관식 채점 결과가 이렇게 일정하지 않자 보다 일관성 있고 표준화된 시험 문항을 개발해야 할 필요성이 대두되었지요(Hart, 1994).

선다형 문항은 일반적으로 선택지가 네 개, 혹은 다섯 개로 이루어지는데, 선다형 문항이 측정하는 내용은 일반적으로 용어, 사실, 개념, 원리, 이론 등에 대한 지식입니다. 또한 선다형 문항은 옳은 답을 고르는 정답형(absolutely-correct type) 문항과 여러 선택지 중 가장 옳은 답을 선택하는 최선답형(best answer type) 문항이 있지요. 최선답형은 수험자에게 혼동이 일어나도록 해야 하므로 문항 제작이 정답형보다 다소 어렵습니다.

다음은 선다형 문항의 기본적인 형태입니다(Hughes, 2008).

Enid has been here _____ half an hour.
A) during   B) for   C) while   D) since

먼저 빈칸이 포함된 문장이 제시되는데 이를 문항의 **뼈대(stem)**라고 합니다. 다음에는 그 빈칸에 들어갈 선택지가 제시되지요. 위 예시에서 B)가 정답이며 나머지 A), C), D)는 오답 선택지입니다. 이를 option이라고 하는데 수험자의 주의를 흩뜨린다는 의미에서 distractor라 부르기도 하지요.

선다형 문항에서 적절한 선택지 수에 대한 공통된 연구결과는 없습니다(성태제, 2004). 그렇지만 보통은 네 개 또는 다섯 개의 선택지를 제시하는 것이 일반적인 경향이지요. 진위형(true and false type)의 경우, 주어진 질문에 대해 맞고 틀림을 고르는 문항으로 이것 역시 두 개의 선택지가 제시된 선다형 문항의 특수한 예라 할 수는 있습니다. 그러나 대다수 평가 관련 책에서는 진위형과 선다형을 별개의 문항 형태로 구분하고 있습니다.

2) 선다형 문항의 장점과 단점

선다형 문항은 다음과 같은 여러 가지 장점이 있습니다(이완기, 2003).

(1) 대단위 검사가 용이하여 경제적이다.
(2) 채점상의 객관성이 보장된다(컴퓨터 채점도 가능).
(3) 광범위한 영역의 교수학습 목표 성취도를 짧은 시간에 적은 비용으로 파악할 수 있다.
(4) 단순 지식이나 정보의 습득 여부에 대한 평가에 유리하다.
(5) 학생 혹은 집단별로 비교하기가 쉽다.
(6) 학생 간의 상대적 강점과 약점을 알 수 있다.
(7) 연차적 성장, 진보의 정도를 점검할 수 있다.
(8) 교육 프로그램의 평가에 활용할 수 있다.

선다형 문항은 위와 같은 다양한 장점에도 불구하고 심각한 단점 또한 많습니다. 먼저 선다형 문항의 기저에는 객관주의적 진리관이 깔려 있는데, 이것이 가진 문제점은, 수험자를 출제자가 제시하는 객관적인 지식 또는 정보를 수동적으로 받아들이거나 단순히 재생산하는 존재로만 간주한다는 것이지요. 전통적인 평가관에서는 학습 과정을 위계적으로 구성된 객관적이고 절대적인 지식을 기억 및 재생산하는 과정으로 보았고, 따라서 평가는 그렇게 학습한 지식을 잘 기억하는지, 잘 저장하고 있는지 알아보는 것이었습니다. 그러한 진리관, 학습관에 따라 개발된 선다형 문항은 다음과 같은 단점을 갖고 있지요.

(1) 정답과 해결책을 스스로 찾고 구안해내기보다 정답이나 해결책을 단순히 인식만 하면 되는 수동적인 학습자로 만든다.
(2) 학생의 인지 구조 변화나 이해 수준을 정확하게 진단하기 어렵고 학습 과정에 대한 평가도 어렵다.
(3) 학생의 잠재력과 학문적 성장 가능성을 과소평가하는 경향이 크다. 평가의 내용이 낮은 수준의 인지 기능(예컨대 Bloom(1956)의 교육목표 분류학에서 '지식'이나 '이해')에 주로 초점을 맞추고 있고, 고등 정신

기능이나 창의성 등은 경시하는 경향이 있기 때문이다.

(4) 다양한 분야에 걸친 세세한 문항들은 '학생이 무엇을 알고 있느냐?'보다는 '학생이 무엇을 모르고 있느냐'에 대한 정보를 주로 제공한다.

(5) 이해와 적용, 사고(thinking)와 성찰(reflection)보다는 기억의 회상(recall)과 맹목적 학습을 부추기는 결과를 초래한다.

(6) 모든 문제에 하나의 유일한 정답이 있다는 인상을 심어줄 우려가 있다. 출제자가 제시한 정해진 수의 선택지 이외에 다른 방향으로 상상하거나 생각하는 것을 억제한다.

(7) 가르쳐야 할 중요한 내용보다는 평가하기 쉬운 것을 중심으로 가르칠 위험이 있다.

(8) 가르친 내용을 4지 선다형이나 빈칸 메우기 정도로 격하시킨다.

(9) 학생의 지식이나 능력과는 별로 상관이 없는 시험 치는 기술을 익힘으로써 어느 정도는 성적을 올릴 수도 있다.

(10) 이상과 같은 문제점으로 인해 교육과 학습의 과정을 향상시키기보다는 퇴락시킬 위험성이 크다. 학생의 창의성, 문제해결력, 비판력, 판단력, 정보 수집 및 분석력, 통합능력 등의 고등 정신 기능을 평가하기가 어렵기 때문이다.

3) 선다형 문항 제작 시 유의할 점

(1) 선택지 수

전체 문항의 수가 많다면 각 문항당 선택지 수가 적어도 별 문제는 없습니다. 그러나 전체 문항 수가 적은데 선택지 수도 적다면 추측을 통해 정답을 맞출 확률이 높아진다는 문제점이 있지요. 하나의 평가 도구에서 모든 문항이 똑같은 수의 선택지를 가져야 하는 것은 아닙니다. 문항의 내용과 성격에 따라 선택지가 문항마다 서로 다르더라도 평가 도구의 신뢰도나 타당도에 문제가 되지는 않기 때문입니다.

(2) 선택지 모양

선다형 시험에서 어떤 한 선택지의 길이가 가장 긴 경우, 수험자에게는 그것이 정답으로 느껴질 가능성이 큽니다. 또한 선택지의 형태나 체계가 다른 여타의 선택지와 뚜렷하게 다를 경우, 그것은 정답이거나 정답이 아닐 가능성이 크지요. 수험자는 이렇게 선택지의 모양만 보고 정답을 선택할 가능성이 높기 때문에 가능한 한 모든 선택지의 형태나 체계를 유사하게 만들 필요가 있습니다. 아울러 매 선택지마다 똑같은 어구나 말이 반복되지 않도록 하는 것도 중요합니다.

(3) 무의미 선택지

선다형 문항의 선택지를 제작할 때 가장 어려운 일은 매력적인 오답지를 만드는 작업이며, 이러한 작업의 정도에 따라 선다형 문항은 단순 기억을 측정하는 문항이 될 수도 있고, 고등 정신능력을 측정하는 문항이 될 수도 있습니다(성태제, 2004). 매력적인 오답지를 만들기 위해서는 교과내용에 대한 충분한 이해와 더불어 풍부한 문항제작 경험, 그리고 문항분석에 의한 문항교정 경험이 충분히 많아야 합니다. 선택지 중에는 해당 문제와는 관련성이 거의 없는 무의미 선택지가 포함된 경우도 어렵지 않게 찾아볼 수 있는데, 이러한 무의미 선택지는 오답으로서의 매력이 없기 때문에 수험자들로부터 선택될 가능성이 낮지요.

시험을 치른 후 어떤 4지 선다형 문항에 대한 문항 분석을 실시한 결과, 두 개의 선택지가 수험자들로부터 거의 선택을 받지 못했다면 이 문항은 실제로는 정답과 오답 두 개만 있는 2지 선다형 문항이라 할 수 있습니다. 왜냐하면 오답으로서의 역할을 제대로 하지 못했으니까요.

4) 좋은 선다형 문항의 요건

지금까지 선다형 문항의 유래와 특징, 장점과 단점, 문항 제작 시 유의사항 등에 대해 설명하였습니다. 이제 좋은 선다형 문항이 되려면 어떤 요건을 갖추어야 하는지 알아보겠습니다. 이상기(2017)은 좋은 평가 문항이 갖추어야 할 10가지 조건을 질문의 형태로 제시하고 있는데, 이는 선다형 문항에도 똑같이 적용될 수 있으며, 문항을 제작하고 점검할 때 한 번쯤은 반드시 떠올려봐야 할 질문이라고 봅니다.

(1) 정답이 존재하는가?
(2) 하나의 정답만이 존재하는가?
(3) 두 종류의 질문을 동시에 묻고 있지는 않은가?
(4) 응답의 방향을 유도하고 있지는 않은가?
(5) 학생의 수준에 부합하는 언어로 문항이 구성되었는가?
(6) 모호하지 않은 분명한 언어로 구성되었는가?
(7) 이중 부정 표현의 쓰임은 없는가?
(8) 정답을 추측할 만한 단서가 함께 제시되지는 않았는가?
(9) 민감한 내용을 다루는 문항이 포함되어 있지는 않은가?
(10) 문항의 배치가 타당한가?

이제 좋은 평가 문항의 요건과 관련된 2023학년도 중등 임용고사(영어) 2교시 전공B의 11번 문항을 살펴보도록 하겠습니다.

11. Read the passages in <A> and <B>, and follow the directions. [4 points]

<A>

A high school English teacher, Mr. Choi, wanted to learn how to write selected-response items (e.g., multiple-choice items) more efficiently. He wrote several items before the workshop began, and found some of them were flawed according to the guidelines he learned during the workshop. The following are some of the guidelines along with examples of flawed items.

General Guidelines for Writing Selected-response Items
① Make certain that there is only one, clearly correct answer.
② State both the stem and the options as simply and directly as possible.
③ Present a single clearly formulated problem to avoid mixed content.
④ Avoid negative wording whenever possible. If it is absolutely necessary to use a negative stem, highlight the negative word.

Item 1

My forehead itches every day during the summer. Using sunscreen hasn't helped much. I think I'd better go to the _____ to get my skin checked.

 a. dentist

 b. optometrist

 c. pediatrician

 → d. dermatologist

Item 2

Where did Henry go after the party last night?

 a. Yes, he did.

 b. Because he was tired.

 → c. To Kate's place for another party.

 ? d. He went home around eleven o'clock.

Item 3

  I never knew where _____.

  a. had the boys gone

  → b. the boys had gone

  c. the boys have gone

  d. have the boys gone

Item 4

  According to the passage, which of the following is not true?

  a. My sister likes outdoor sports.

  b. My brother is busy with his plans.

  → c. My sister and I often do everything together.

  d. My brother is more energetic and outgoing than I.

  Note: '→' indicates the key; '?' indicates a possible answer.

<B>

After the workshop, to improve the quality of the items, the teacher revised some items according to the guidelines. The following are the revised items.

Item 1

  I think I'd better go to the _____ to get my skin checked.

  a. dentist

  b. optometrist

  c. pediatrician

  → d. dermatologist

Item 2

　Where did Henry go after the party last night?

　a. Yes, he did.

　b. Because he was tired.

　c. It was about eleven o'clock.

　→ d. To Kate's place for another party.

Item 3

　I never knew _____.

　a. where had the boys gone

　→ b. where the boys had gone

　c. the boys where had gone

　d. the boys had gone where

Item 4

　According to the passage, which of the following is NOT true?

　a. My sister likes outdoor sports.

　b. My brother is busy with his plans.

　→ c. My sister and I often do everything together.

　d. My brother is more energetic and outgoing than I.

Based on <A>, identify the ONE most appropriately revised item in <B> according to guideline ②, and the ONE most appropriately revised item according to guideline ③. Then explain each of the items with evidence from <A> and <B>.

　제시문 <A>의 내용을 살펴보면, 고등학교에서 영어를 가르치고 있는 최교사는 보다 효율적인 선다형 문항을 제작하는 방법을 배우고 싶어서 평가 관련 워크숍에 참여했습니다. 워크숍이 시작되기 전에 최교사는 몇 개의 문항을 작성해보았는데, 워크숍 동안에 배운 평가 지침(the guidelines)에 비추어보니 몇몇 문항에 결함(flaw)이 있음을 알게 되었지요. 그 다음에는 결함이 있는 문항 예시들과 평가 지침이 제시되고 있습니다.

선다형 문항(selected-response items) 문항 제작을 위한 일반 지침
① 정답은 명확하면서도 오직 한 개만 있는지 확인하라.
② 문제와 선택지를 가능한 한 간단하고 직접적으로 진술하라.
③ 내용이 혼동되지 않도록 분명하게 공식화된 단일 문제를 제시하라.
④ 가능하면 부정적인 표현을 피하라. 만일 부정적인 문항을 사용할 수밖에 없다면 그 부정어를 강조하라.

최교사가 워크숍에 참석하기 전 제작한 원래의 문항들이 제시되고 있습니다. 문항 1의 정답은 d. dermatologist, 문항 2의 정답은 c. To Kate's place for another party. 그러나 d. He went home around eleven o'clock.도 정답으로서 가능하다는 표시(?)가 있습니다. 문항 3의 정답은 b. the boys had gone, 문항 4의 정답은 c. My sister and I often do everything together.입니다.

다음으로 제시문<B>의 내용을 살펴보면, 워크숍이 끝난 후 최교사는 문항의 질을 높이기 위해 평가 지침에 따라 몇몇 문항을 수정하였습니다(revised). 그 다음은 수정된 문항들입니다. 이제 원래의 문항과 수정된 문항을 비교해보도록 하지요.

문항 1의 경우, 원래는 문항의 뼈대(stem) 부분이 세 문장으로 이루어져 있었습니다. 그랬다가 수정된 문항에서는 빈칸이 포함되지 않은 앞의 두 문장은 제거되었습니다. 그 이유는 두 문장을 제거하더라도 빈칸에 들어갈 수 있는 정답에는 아무런 영향이 없기 때문입니다. 그렇다면 수험자들의 부담을 덜어주는 방향으로 수정된 문항이 더 좋은 문항인 것이지요.

  문항 2의 경우, 또 다른 정답 가능성이 있는 선택지 d는 제거함과 동시에 다른 오답 선택지를 추가하였음을 알 수 있습니다. 원래는 c가 정답이었다가 d로 바뀌었는데 이것은 선택지들의 길이를 고려한 것입니다. 짧은 것부터 긴 것으로 나열한다는 선택지 배열 원칙을 지키기 위한 것이지요.

  문항 3의 경우, 선택지 하나하나를 세밀하게 살펴볼 것을 요구하고 있습니다. 먼저 문항 뼈대에만 있었던 의문사 where를 뼈대에서 제거하고 선택지 모두에 포함시켰음을 알 수 있지요. 아울러 원래의 선택지 a와 b에서는 과거완료 형태(had gone), c와 d에서는 현재완료 형태(have gone)이었다가 수정된 문항에서는 모두 과거완료 형태로 바뀌었습니다. 이 두 가지 수정사항을 종합하면 문항의 초점을 간접의문문에서의 어순('의문사+주어+동사) 하나에만 맞춤으로써 평가하고자 하는 내용을 한 개로 분명히 했음을 알 수 있습니다.

  문항 4의 경우, 문항 지시문에 포함된 부정어(not)를 대문자로 바꿔줌으로써 강조하고 있습니다.

이제 지시문을 살펴봅니다.

  <A>에 근거하여 지침 ②에 따라 가장 적절하게 수정된 한 문항, 지침 ③에 따라 가장 적절하게 수정된 한 문항을 <B>에서 찾은 다음, 문항 각각을 <A>와 <B>에서 증거와 함께 설명하시오.

  지침 ②에 따라 수정된 문항은 앞에서 설명한 바에 따라 문항 1임을 알 수 있습니다. 또한 지침 ③에 따라 수정된 문항은 문항 3입니다.

정답 예시 ☞ Item 1 is appropriately revised in terms of the guideline 2 in that its stem becomes simple and direct. Item 1 in <A> consists of three sentences while

Item 1 in <B> is simplified into a single sentence. Item 3 is appropriately revised according to the guideline 3. Item 3 in <A> requires both the knowledge of the verb tense and the order of subject and verb while Item 3 in <B> requires only the knowledge of the order of an indirect question.

17. 시험의 역류 효과

◆ **시험의 역류 효과(washback effect)는 부정적인 의미인가요?**

☞ 대학수학능력시험에서는 듣기와 읽기 이외에도 말하기와 쓰기 능력을 평가한다고 설명하였습니다. 다만 그 방식이 직접 평가가 아닌 간접 평가라서 수험자는 물론이고 수험자를 지도하는 교사들마저 말하기와 쓰기, 즉 표현 기능은 평가하지 않는다고 느끼는 것이지요. 이렇게 된 결과 수능시험을 준비시키는 고등학교에서는 듣기와 읽기 같은 수용 기능에만 집중하여 학습하고 말하기와 쓰기 같은 표현 기능은 다소 소홀히 하는 경향이 있다고 비판받고 있습니다. 사실, 영어 학습의 궁극적인 목적이 영어를 통한 소통과 상호작용에 있음을 감안하면 시험에만 매몰되어 표현 기능을 경시하는 경향은 바람직하지는 않지요.

역류 효과(washback effect)란 이와 같이 시험이 학습과 교수활동에 미치는 영향을 가리킵니다(Hughes, 2008). 원래 평가는 학습이나 교수활동 이후에 이루어지는 것이지만 한 번 시험이 치러지고 나면 그 다음에는 수험자가 다음에 치러질 시험의 내용이나 방식을 예측하게 되고 그에 최적화하여 준비하게 되지요. 결과적으로 시험이 그 앞에 위치한 학습이나 교수활동을 거꾸로(back) 씻어 내려가므로 이러한 이름이 붙게 되었습니다(Brown & Lee, 2015).

우리나라에서 나타나는 입시지향적인 영어 학습이나 교수활동은 부정적인 역류 효과라 할 수 있습니다. 그러나 역류 효과가 반드시 부정적인 것만은 아니고 시험의 내용이나 방식에 따라서는 얼마든지 긍정적인, 그러니까 이로운 방향으로 바꿀 수도 있습니다. 현재 수능시험에서 채택하고 있는 간접 평가 방식을 직접 평가 방식으로 바꾸는 것도 이로운 역류 효과의 한 가지 방법입니다. 다만 **실용성(practicality)** 문제 때문에 실행에 옮기지 못할 뿐이지요. 참고로 역류 효과는 backwash effect라고도 합니다.

◆ 이로운 역류 효과(washback effect)를 얻으려면 어떻게 해야 하나요?

☞ 역류 효과는 사실 중립적인 의미입니다. 앞서 언급한 우리나라의 입시지향적인 영어교육은 부정적인 역류 효과로 대표적인 사례일 뿐이지요. 시험 내용과 방식을 어떻게 하느냐에 따라 그러한 부정적인(해로운) 역류가 일어날 수 있고, 반대로 이로운 역류가 일어날 수도 있습니다. Hughes(2008, pp. 53-56)는 이로운 역류 효과를 얻기 위한 방법으로 다음과 같은 다섯 가지를 제시하고 있습니다.

1) 신장시키고자 하는 능력을 평가하라(Test the abilities whose development you want to encourage).

만일 교수학습의 목적이 구두 능력(oral ability)을 신장시키는 것이라면 평가 또한 구두 능력을 평가하라는 것입니다. 매우 명쾌한 말이지만 사실은 잘 지켜지지 않는 경우가 많지요. 대개의 경우, 가장 중요한 것을 평가하기보다 평가하기 쉬운 것을 평가하는 경향이 있기 때문입니다. 예를 들어, 구두 능력을 평가하기 위해 구두 면접(oral interview)을 실시하고 수험자의 구두 수행에 대해 면접자가 주관적 채점(subjective scoring)을 하도록 할 경우, 신뢰도(reliability)가 높지 않다는 점을 들어 구두 능력을 평가하지 않기로 하는 일은 흔히 있습니다. 물론 시간과 비용이 많이 들어간다는 점도 구두 능력을 평가함에 있어서의 방해 요인이지요.

2) 표본을 넓고 예측할 수 없게 추출하라(Sample widely and unpredictably).

성취도 평가(achievement test)가 아닌 능숙도 평가(proficiency test)의 경우, 영어 능력의 세부 영역을 모두 다 평가할 수는 없습니다. 시험 시간은 정해져 있고 문항 수를 무한정 만들 수는 없으니까요. 결국, 출제자는 영어 능력을 대표한다고 추정되는 몇몇 표본 항목을 선정하여 그것을 토대로 수험자의 영어 능력을 추론할 수밖에 없습니다. 따라서 선정된 표본 항목이 평가하려는 내용을 가능한 한 충분히 대표할 수 있어야 하지요. 예를 들어, 영어 쓰기 능력을 평가하기 위해 '비교/대조하기(compare/contrast)'와 '도표나 그래프 묘사/해석하기(describe/interpret a chart of graph)'의 두 가지 과업을 수험자들에게 부과하기로 했다면, 출제자는 그 두 가지 과업이 영어 쓰기 능력 전체를 대표한다고 할 수 있는지 숙고해보아야 할 것입니다.

또한 수험자들이 선정된 표본 항목을 미리 예측할 수 있다면, 수험자들은 시간을 절약하고 더 높은 점수를 받기 위해 시험에 나올 것으로 예측되는 항목만 공부할 가능성이 높습니다. 앞의 예시처럼 영어 쓰기 능력을 평가할 때 이전에 출제된 그 두 가지 유형의 과업만 계속 출제된다면 다른 유형의 쓰기 과업은 공부할 필요가 없겠지요. 결국, 시험 내용에 대한 예측 가능성이 높으면 교수활동과 학습은 예측할 수 있는 시험 내용에만 집중되는 해로운 역류 효과가 발생할 것입니다.

3) 직접 평가를 사용하라(Use direct testing).

앞에서 이미 언급한 바와 같이 직접 평가는 수험자가 실제로 수행 기능을 갖고 있는지 여부를 평가합니다. 영어로 말하는 능력이 있는지를 평가하려면 수험자가 실제로 영어로 말하도록 해야 하는 것이지요. 이렇게 신장시키고자 하는 기능(말하기)을 직접적으로 평가한다면 시험을 준비하기 위한 수험자의 노력도 그러한 기능을 향상시키는 데 초점을 맞출 것입니다. 신뢰도나 비용 등의 문제로 인해 직접 평가 대신 간접 평가를 실시하게 되면, 수험자들은 실제 수행 기능을 성실하게 연습하기보다는 점수를 높이는 보다 편한 다른 방법으로 눈길을 돌리겠지요.

4) 평가를 준거 지향으로 만들어라(Make testing criterion-referenced).

준거 지향 평가(criterion-referenced testing)란 학습자가 무엇을 얼마만큼 알고 있는지 또는 할 수 있는지 측정하는 평가를 뜻합니다. 여기서 '무엇'이란 학습자가 성취해야 할 과제나 행위를 의미하지요(성태제, 2004). 그러니까 학습자가 정해진 준거(혹은 목표)에 도달하였는지 여부를 판단하는 평가 형태입니다. 준거 지향 평가가 이루어지려면 먼저 준거를 명확히 진술하는 것이 필수적이지요. 우리나라 영어과 교육과정에서도 이러한 준거를 찾아볼 수 있는데, 성취기준이 바로 그것입니다. **표현 기능**(말하기와 쓰기)과 관련된 다음 성취기준을 살펴보도록 합시다(교육부, 2022).

■ 초등학교 3-4학년

[4영02-01] 쉽고 간단한 단어, 어구, 문장을 강세, 리듬, 억양에 맞게 따라 말한다.
[4영02-02] 알파벳 대소문자를 구별하여 쓴다.
[4영02-03] 소리와 철자의 관계를 바탕으로 쉽고 간단한 단어를 쓴다.
[4영02-04] 실물, 그림, 동작 등을 보고 쉽고 간단한 문장으로 말하거나 단어나 어구를 쓴다.
[4영02-05] 자신, 주변 사람이나 사물의 소개나 묘사를 쉽고 간단한 문장으로 말하거나 보고 쓴다.
[4영02-06] 행동 지시를 쉽고 간단한 문장으로 말하거나 보고 쓴다.
[4영02-07] 자신의 감정을 쉽고 간단한 문장으로 말하거나 보고 쓴다.
[4영02-08] 자기 주변 주제에 관한 담화의 주요 정보를 묻거나 답한다.
[4영02-09] 적절한 매체나 전략을 활용하여 창의적으로 의미를 표현한다.
[4영02-10] 의사소통 활동에 흥미와 자신감을 가지고 대화 예절을 지키며 참여한다.

■ 초등학교 5-6학년

[6영02-01] 간단한 단어, 어구, 문장을 강세, 리듬, 억양에 맞게 말한다.
[6영02-02] 실물, 그림, 동작 등을 보고 간단한 단어, 어구, 문장으로 말하거나 쓴다.

[6영02-03] 알파벳 대소문자와 문장 부호를 문장에서 바르게 사용한다.

[6영02-04] 주변 사람이나 사물을 간단한 문장으로 소개하거나 묘사한다.

[6영02-05] 주변 장소나 위치, 행동 순서나 방법을 간단한 문장으로 설명한다.

[6영02-06] 자신의 감정이나 의견, 경험이나 계획을 간단한 문장으로 표현한다.

[6영02-07] 일상생활 주제에 관한 담화나 글의 세부 정보를 간단한 문장으로 묻거나 답한다.

[6영02-08] 예시문을 참고하여 목적에 맞는 간단한 글을 쓴다.

[6영02-09] 적절한 매체와 전략을 활용하여 창의적으로 의미를 생성하고 표현한다.

[6영02-10] 의사소통 활동에 흥미와 자신감을 가지고 참여하여 협력적으로 수행한다.

■ 중학교 1-3학년

[9영02-01] 연음이나 축약된 소리를 활용하여 단어, 어구, 문장을 말한다.

[9영02-02] 대상이나 인물의 감정을 묘사한다.

[9영02-03] 친숙한 주제에 관해 사실적 정보를 설명한다.

[9영02-04] 친숙한 주제에 관해 경험이나 계획을 설명한다.

[9영02-05] 친숙한 주제에 관해 일이나 사건의 논리적 관계를 설명한다.

[9영02-06] 친숙한 주제에 관해 자신의 의견을 주장한다.

[9영02-07] 친숙한 주제에 관해 듣거나 읽고 내용을 요약한다.

[9영02-08] 간단한 일기, 편지, 이메일 등의 글을 쓴다.

[9영02-09] 적절한 매체를 활용하여 정보 윤리를 준수하며 말하거나 쓴다.

[9영02-10] 적절한 전략을 활용하여 상황이나 목적에 맞게 말하거나 쓴다.

[9영02-11] 상대방을 배려하는 태도로 말하거나 쓴다.

4년간의 초등학교 교육과정을 성실하게 마쳤을 경우, 도달해야 하는 성취기준 10가지와 3년간의 중학교 교육과정을 성실하게 마쳤을 경우, 도달해야 하는 성취기준 11가지가 제시되어 있음을 알 수 있습니다. 성취기준은 4년간 또는 3년간의 교수학습을 통해 도달해야 하는 목표이면서 결과적으로 평가의 준거 또는 기준 역할을 합니다. 준거 지향 평가에서는 학습자들이 다른 학습자의 수행 결과에 신경을 쓸 필요가 없습니다. 학습의 성공 여부는 기준이 되는 준거에 도달했는지로 평가되니까요. 학습자는 다른 학습자와 경쟁하는 관계가 아니며 무엇을 어떤 수준까지 할 수 있어야 하는지에 대한 분명한 그림을 갖고 학습에 임하게 될 것입니다. 이러한 모든 요소는 결과적으로 학습자의 동기를 유발하는 데 도움이 되겠지요. 참고로, 준거 지향 평가와는 다르게 자신의 수행 결과를 다른 학습자의 수행 결과와 비교하여 평가하는 것은 **규준 지향 평가(norm-referenced testing)**라고 합니다. 이러한 평가는 대개 '상대평가'라고 하며 준거 지향 평가는 '절대평가'라고 하지요.

5) 교사와 학생들이 시험에 대해 알고 이해할 수 있게 하라(Ensure the test is known and understood by students and teachers).

시험의 잠재적 역류 효과가 아무리 좋다고 하더라도, 만일 교수활동을 책임지고 있는 교사나 학습의 주체인 학생들이 시험에 대해 잘 모르거나 올바로 이해하지 못한다면 시험을 통해 달성하고자 하는 이로운 역류 효과를 충분히 얻기는 어렵습니다. 그러므로 평가의 근거(the rationale of the test), 평가 내용이 포함된 평가 명세서(its specifications), 그리고 표본 문항(sample items) 등이 시험을 준비하는 모든 관련자들에게 충분히 제공될 필요가 있지요. 특히 새로운 시험이 도입될 경우에는 더욱 그러한데, 이를 통해 시험에 대한 신뢰도 또한 높아질 것입니다.

이제 역류 효과와 관련된 2022학년도 중등 임용고사(영어) 2교시 전공A의 1번 문항을 살펴보도록 하겠습니다.

1. Read a teacher's and a student's journal entries and follow the directions. [2 points]

Ms. Ahn's Journal

I think I need to change my approach to teaching speaking skills. In my conversation class, I usually have my students listen to dialogues and then practice the main expressions using pattern drills, which I thought would help them speak with both accuracy and fluency. However, when I assessed their speaking performance last week, most students had difficulties speaking fluently. They frequently had long pauses in their speech, but were quite accurate. In order to address this issue, I'm going to add more fluency activities such as discussion, role-plays, and information-gap activities.

Nayun's Journal

Today, I got my final exam results. Compared to the mid-term exam, my score has improved a lot. I'm very proud of myself because I studied a lot for the test. My English teacher usually includes lots of reading comprehension questions on exams, so this time I read all the reading texts in the textbook multiple times and took many practice tests. However, I'm a bit disappointed with the test in a way. I really want to improve my English writing skills, but I just don't have time to practice them. Well... I don't know.... I want to change how I'm studying, but I can't give up on getting good English test scores.

Fill in the blank with the ONE most appropriate word.

The above two journal entries demonstrate _____ effect in that the teacher and the student each write about what they do for their teaching and studying with regard to tests.

교사와 학생의 일지(journal)을 읽고 답하는 문제입니다. 먼저 안교사의 일지 내용을 살펴보도록 하지요.

회화 수업(conversation class)을 담당하고 있는 선생님은 말하기를 가르치는 방법을 바꿔야 하겠다고 생각하네요. 현재 하고 있는 수업 절차를 보면, 먼저 하나의 대화를 듣게 한 다음 그 속에 나온 중요한 문장을 선정하여 **문형 연습(pattern drills)**을 시키고 있습니다. 이런 방식으로 하면 학생들의 **정확성(accuracy)**과 **유창성(fluency)**을 신장시키는 데 도움이 될 것으로 생각한 것이지요. 그런데 지난 주 학생들의 말하기 수행 능력(speaking performance)을 평가한 결과, 학생들 대부분이 말하는 데 어려움을 겪고 있음을 알았습니다. 학생들의 정확성은 괜찮았지만 말하는 도중에 오랫동안 멈추는 일(pause)도 잦았던 것이지요. 그래서 이를 보완하기 위해 앞으로는 토론(discussion)이나 역할극(role-plays), 그리고 **정보 차(information-gap)** 활동과 같은 유창성 신장 활동을 추가할 생각입니다.

다음으로 '나윤' 학생의 일지를 살펴보면, 오늘 받은 기말고사 결과에 대한 이런저런 생각을 적고 있지요. 중간고사와 비교하며 점수가 많이 향상된 데 대해 아주 뿌듯해하고 있습니다. 선생님이 대개 '독해력(reading comprehension)' 문제를 많이 출제하는 경향이 있어서 교과서에 있는 읽기 본문(reading texts)을 빠짐없이 여러 차례 읽고 연습 문제 또한 많이 푼 보람이 있네요. 그런데 실망스러운 점도 있습니다. 영어 쓰기 능력을 향상시키고 싶은데 그것을 연습할 시간이 없는 거예요. 그래서 학습 방법을 바꿔보고 싶은데 좋은 점수를 포기할 수는 없고... 그래서 고민을 하고 있습니다.

지시문의 내용을 살펴보면, 선생님은 자신의 교수활동에 대해서, 그리고 학생은 자신의 학습활동에 대해서 무엇을 하고 있는지가 일지 속에 나타나 있다는 점에서 시험이 가진 어떤 효과를 보여주느냐 묻고 있네요.

정답 ☞ washback (or backwash)

참고로, 안교사의 일지에 언급된 활동 중 **문형 연습(pattern drills)**과 **정보차(information-gap)** 활동에 대해 알아보도록 하지요. 먼저 정보차와 관련된 다음 예시 활동을 살펴봅시다(Nunan, 2003, p. 13).

Make a note of the things you have to do this week. Leave two spaces free.

	MON	TUE	WED	THU	FRI
Afternoon					
Evening					

Now work with two other students. Arrange a time to see a movie. You might have to change your schedule.

세 명의 학생의 한 집단을 이루어 각각 자신의 요일별 스케줄을 메모한 다음, 서로 대화를 통해 세 명이 함께 영화관에 갈 요일과 시간대를 찾아내라는 것이지요. 이 활동에서 중요한 포인트는 서로가 다른 학생의 빈 시간대를 알지 못한다는 점입니다. 이것을 바로 **정보 차(information gap)**라고 하지요. 학생 상호간 이러한 정보 차이가 있기 때문에 세 학생이 주고받는 의사소통은 **진정한 의미의 의사소통(genuine communication)**이 될 수 있습니다. 그리고 이러한 상황에서 구사하는 질문, 예를 들어 'When are you free?'와 같은 질문은 **전시성 질문(display question)**이 아니라 **참고형 질문(referential question)**의 성격을 띠게 되지요(Brown & Lee, 2015).

다음으로, 문형 연습(pattern drills) 활동에 대해 알아보기 위해 다음 대화를 살펴봅시다(Davies & Pearse, 2000, pp. 39-40).

A: What does _____ do? (Sting/Nicole...)
B: _____ is a/an _____. (He/She, singer/actress...)

위 대화는 직업이 무엇인지 물어보는 것과 관련된 짧은 상호작용입니다. A의 빈칸에 들어갈 수 있는 말은 괄호 안에 주어진 두 사람 이외에도 수없이 많지요. 또한 사람이 정해지면 그에 따라 B의 첫 번째 빈칸도 He나 She 중 하나로 정해지며 이어서 두 번째 빈칸에 들어갈 직업은 역시 매우 많습니다. 이 경우, 첫 번째 문장은 직업이 무엇인지 물어보는 문장으로서 'What does S(Noun) do?'의 형식으로 패턴화할 수 있으며, 두 번째 문장은 그에 대한 응답으로서 'S+is+a/an+Noun'의 형식으로 패턴화할 수 있지요. 이렇게 패턴화된 문장 형식을 문형(sentence pattern)이라고 합니다. 또 다른 예를 들어볼까요?

A: Where was the Mercedes made?
B: It was made in Germany.

A는 자동차가 어느 나라에서 제조되었는지 묻고 있으며 B는 그에 대한 응답입니다. 두 문장 모두 밑줄 친 부분을 제외한 부분 전체가 **문형(sentence pattern)**이라고 할 수 있으며, 첫 번째 문형은 자동차 제조국가를 물어볼 때, 두 번째 문형은 그에 대해 응답할 때 사용되지요. 이렇게 문형을 익혀 놓으면 이탈리아의 자동차 Ferrari나 미국의 자동차 Ford에 대해서 다음과 같이 묻고 답할 수 있습니다.

A: Where was the Ferrari made?
B: It was made in Italy.

A: Where was the Ford made?
B: It was made in the USA.

결국 문형을 알고 있으면 밑줄 친 부분을 다른 말로 바꾸기만 하면 쉽게 상호작용할 수 있지요. 이렇게 어떤 부분을 다른 말로 바꿔 연습하는 것을 **대치 연습(substitution practice)**이라고 합니다. 대치 연습은 substitution drills라고도 하는데, drills란 말은 '훈련'이라는 뜻이지요. 이 말의 의미를 파악하기 위해 언어 학습 교실에서 일어난 다음 대치 연습 장면을 살펴봅시다(Brown & Lee, 2015).

T: I went to the store yesterday.
Ss: I went to the store yesterday.
T: Bank.
Ss: I went to the bank yesterday.
T: In the morning.
Ss: I went to the bank in the morning.

교사가 학생들에게 반복 연습할 문형을 하나 제시해주자 학생들은 이를 듣고 따라합니다(청화식 교수법에서는 이를 'listen & repeat'라고 하지요). 이후 교사가 대치가 가능한 단어나 어구(bank, in the morning)를 제시하면 학생들은 최초의 문형에서 해당되는 부분을 바꿔 연습하지요. 그런데 교사의 제시어에 따라 학생들이 반복 연습한 문장들의 의미를 잘 생각해봅시다. 어제 가게에 갔다는 것, 어제 은행에 갔다는 것, 오늘 아침에 은행에 갔다는 것... 이런 일이 학생들 모두에게 실제로 일어날 가능성은 얼마나 될까요? 현실적으로는 불가능에 더 가까울 것입니다. 그럼에도 불구하고 학생들은 열심히 연습하지요. 이렇게 어떤 연습활동이 현실(reality)과 별로 연관성이 없을 때 이를 drill이라고 합니다. 가르치는 교사 입장에서 이런 방법은 **기계적 기법(mechanical technique)**이라고 하는데 기계처럼 의미나 현실은 고려하지 않는다는 뜻이지요(Brown & Lee, 2015). drill은 대개의 경우 합창하듯 여럿이 함께 한 목소리로 반복합니다.

한편, **기계적 훈련(mechanical drills)**과는 달리 **유의미한 훈련(meaningful drills)**도 있는데 Brown과 Lee(2015, p. 223)는 이에 대해 다음과 같은 예를 들고 있습니다.

T: The woman is outside. [*pointing out the window at a woman*] Where is she, Hiro?
S1: The woman is outside.
T: Right, she's outside. Keiko, where is she?
S2: She's outside.
T: Good, Keiko, she's outside. Now, class, we are inside. Hiroko, where are we?
S3: We are inside.

위 대화를 살펴보면, 교사는 학생들에게 'S+be+inside/outside'라는 **문형(sentence pattern)**을 익히게 하려는 의도를 갖고 있습니다. 그렇지만 앞서 언급했던 기계적 훈련(mechanical drills)과는 다르게 학생들 주변에서 찾아볼 수 있는 현실(reality)과 연관시키고 있지요. 창 밖에 있는 여자를 가리키거나 교실 안에 있는 우리를 생각하게 하거나. 이러한 방법으로 교사는 학생들이 문형 연습을 하는 가운데 자신이 연습하고 있는 문장의 의미를 생각하도록 유도하고 있습니다. 이러한 방법을 **유의미한 훈련(meaningful drills)**이라고 하는 까닭은 바로 이런 이유 때문이며, 현대 영어교육의 주류를 차지하고 있는 의사소통중심 교수법(communicative language teaching, CLT)에서는 이러한 유의미한 훈련을 강조합니다.

18. 쓰기 평가 문항 제작

◆ 쓰기 능력을 신장시키려면 어떻게 연습해야 할까요?

☞ 쓰기 능력을 신장시키기 위한 연습 방법으로는 대개 **통제 작문**(controlled writing), **유도 작문**(guided writing), 그리고 **자유 작문**(free writing)의 세 가지가 널리 사용되고 있습니다.

1) 통제 작문(controlled writing)

통제 작문에서는 답이 하나만 존재하며 학생들의 작문을 정확하고 객관적으로 채점할 수 있다는 장점이 있습니다(Robinson, 1967). 다음 예시를 살펴봅시다(신정현 외 9인, 2013, p. 134).

위 예시에서 학생들은 괄호 안에 주어진 형용사를 이용하여 1번 예시에 따라 'too+형용사+to+동사' 형태의 문장을 쓰는 연습을 하게 됩니다. 문장을 쓰면서 학습자 스스로 어휘나 문장 형태를 선택할 수 없다는 점에서 통제되고 (controlled) 있지요. 또 다른 예시를 살펴보겠습니다(신정현 외 12인, 2012, p. 166).

```
B  Choose two sentences that match each picture. Then combine them.
```

[ ] Jina opened the door.   [1] Jina met an old friend of hers.
[ ] Jina could read this book.   [ ] Jina knew Arabic.
[ ] Jina read a newspaper.   [ ] Jina found a box on the table.
[1] Jina walked home after school.   [ ] Jina listened to music.

❶ Walking home after school, Jina met an old friend of hers.
❷ _____
❸ _____
❹ _____

위 예시에서는 그림과 관련 있는 두 개의 문장을 고른 후, 분사를 이용하여(분사구문) 하나로 연결하는 연습을 하고 있습니다. 여기에서도 학습자가 어휘나 문장 형태를 선택할 수 있는 자유는 허용되지 않음을 알 수 있지요.

통제 작문의 예시들은 매우 많습니다. 문장을 주고 시제를 바꿔 쓰기, 단수를 복수로 바꿔 쓰기 등도 통제 작문의 예시들이지요. 다음 예시는 주어진 글을 수동태로 바꿔 쓰도록 통제하고 있습니다(신정현 외 12인, 2012, p. 72).

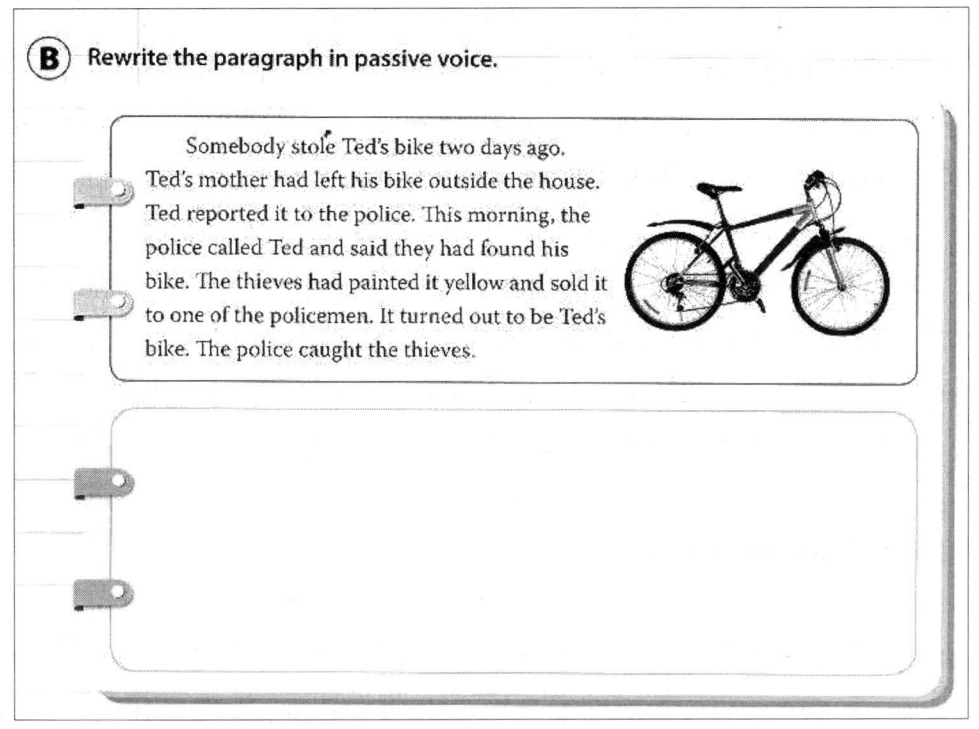

베껴쓰기(copying)는 가장 대표적인 통제작문 활동입니다. 아래 예시에서는 주어진 짧은 글에서 John을 Michael로 바꿔 쓰도록 하고 있습니다(Dykstra, Port, & Port, 1968, p. 1).

John went to the market yesterday with his mother. The market was crowded, and John became very tired. Before long, John was sleeping on the ground.

통제 작문은 다수의 학생들을 대상으로 용이하게 사용할 수 있다는 점에서 현재 초중고 학교의 영어 교과서에서 가장 많이 활용되고 있습니다. 특히 우리나라와 같은 EFL 학습자들이 빈번히 범하는 오류를 교정해줄 수 있을 뿐 아니라 체계적인 지도가 가능하며 평가하기도 용이하다는 장점이 있지요(Rivers, 1981). 그러나 지금까지의 예시에서 알 수 있듯이 너무 기계적인 쓰기 방법이라서 학습자가 지루함을 느끼기 쉽다는 점이 단점으로 지적되고 있습니다. 아울러 학습자들이 글의 내용을 전개하고 일관성 있게 구성하는 방법을 배울 수 있는 기회가 주어지지 않는다는 점도 비판을 받고 있지요. 더욱이 이런 방식으로 쓰기 능력을 어느 정도 길렀다 하더라도 자신의 생각을 글로 자유롭게 전달하는 능력으로 발전하기 어렵다는 한계점이 있습니다(최연희, 이경림, 2010). 따라서 통제 작문을 활용한다고 하더라도 실생활과 연관된 과제를 사용함으로써 실질적으로 학습자에게 필요한 쓰기 능력을 기를 수 있도록 할 필요가 있지요(Williams, 2005).

2) 유도 작문(guided writing)

유도 작문은 통제 작문과는 달리 학습자 스스로 어휘나 구문, 또는 문장 형태를 선택하여 주어진 내용에 관해 글을 쓰는 것입니다. 학습자는 쓰는 내용만 제한을 받지요(자유가 없다는 의미). 유도 작문 역시 우리나라 영어 교과서에서 아주 널리 사용되고 있습니다. 다음 예시를 살펴봅시다(양현권, 이의갑, 강규한, 남택현, 2012, p. 26).

Build Your Ideas — **My Resolution for the New Semester**

① **Check Your Ideas**
자신의 새 학기 결심 중 한 가지를 선택하여 ✓ 표시를 해 봅시다.

My Resolution for the New Semester	
☐ get better grades	☐ find out what I really want to do
☐ improve my English	☐ do more volunteer work
☐ build better relationships with friends	☐ Yours

② Write Your Ideas
위의 결심을 이루기 위해 구체적으로 해야 할 일 두 가지를 써 봅시다.

Resolution
• _____

To achieve it, I need to
• _____
• _____

Example
Resolution
• find out what I really want to do
To achieve it, I need to
• find a role model
• read biographies of famous people

③ Write Your Resolution
②의 내용을 참고하여, 자신의 새 학기 결심에 관한 글을 써 봅시다.

My Resolution for the New Semester

The new semester has started. I hope that this semester will be meaningful. So I've decided to _____. To achieve it, I really need to _____ and _____. I know it won't be easy to do what I've decided, but I will do my best.

위 예시를 살펴보면, 1번 활동에서 새로운 학기를 어떻게 보낼 것인지에 대해 주어진 어구 중 하나를 고르거나 자신의 창의적인 생각을 써넣도록 하고 있습니다. 이어 2번 활동에서는 그러한 결심(resolution)을 이루기 위해 구체적인 실천 방안을 몇 가지 써보게 하지요. 물론 학습자를 도와주기 위해 예시가 제시되고 있습니다. 마지막 3번 활동에서는 1번과 2번 활동 결과를 종합하여 하나의 글을 완성하도록 유도하고 있습니다.

유도 작문은 다양한 목적을 위해 여러 가지 방법으로 활용할 수 있는데, 그림이나 개요(outline), 핵심 어휘, 예시 문단 등을 이용하여 글을 쓰게 하기도 합니다. 가계도(family tree)를 그린 다음, 가족을 소개하는 글을 쓰게 하는 방법은 바로 그림을 활용하는 것인데 여기에서도 가계도는 학습자가 쓰게 될 글의 내용을 제한하는 역할을 하고 있지요. 그런가 하면 다음 예시와 같이 어떤 이야기의 서두와 결론을 주어 맥락을 형성한 후, 중간 부분을 학습자가 창의적으로 완성하도록 하기도 합니다(Shoebottom, 2007).

> There are three main parts to a story. The BEGINNING says where and when a story happens and who the people or characters are. The MIDDLE tells what happens to these people. The CONCLUSION tells how the story ends.
>
> Read the story below. It has a beginning and an conclusion but no middle.
>
> **SALLY'S PROBLEM**
>
> Sally sat at the back of the classroom, looking out of the window. She didn't hear what the teacher said because she was thinking about her big problem _____
> Sally jumped up and ran to the phone. She just knew everything was going to be all right again.

한편, 예시 글을 재구성하는 유도 작문 형태도 많이 사용되고 있는데 다음 예시가 바로 그러한 형태의 유도 작문입니다(신현경, 1993, p. 72).

◆ 다음은 교과서에서 배운 내용으로 Walt가 민호에게 보내는 편지이다. Walt는 지금 Toronto에 여행을 가서 그곳에 대해 쓰고 있다. 여러분은 지난 해에 경주로 수학여행을 다녀왔던 내용으로 외국인 친구에게 편지를 써 보시오.

April 12, 1998

Dear Min-ho,

　Here I am in Toronto. I'm writing from the observation deck of the 553-meter-high CN(Canadian National) Tower overlooking the entire city as well as the beautiful blue water of Lake Ontario which is one of the Five Great Lakes. Toronto is very different from Montreal. Here everyone speaks English. So I feel at home. From here we're going to Niagara Falls. I can't wait!

Walt

_____

Dear _____

　Here I am in Kyeongju. _____
_____
_____
_____

_____

이 예시에서 사용된 예시 글은 편지이지만, 이외에도 매우 다양한 장르의 글을 사용할 수 있습니다. 또 한 가지, 위 예시에서 눈여겨보아야 할 점은 글을 쓰는 목적과 그 글을 읽는 독자(audience)를 제시하고 있다는 것입니다. 유도 작문에 의한 글쓰기라 하더라도 글을 쓰는 본질적인 목적은 소통하기(communicating) 위한 것이며, 그런 점에서 독자가 누구인지 아는 것은 매우 중요합니다. 왜냐하면 독자가 누구인지 알아야 호칭이나 어휘를 포함한 여러 가지 측면에서 가장 적절한 표현 방식을 결정할 수 있기 때문이지요. 바로 이러한 모든 것이 글을 쓰는 맥락이며 그러한 맥락 하에 글 쓰는 연습을 할 때, 의사소통중심적인 쓰기 활동이 될 수 있습니다(Hedge, 1988).

3) 자유 작문(free writing)

자유 작문은 글자 그대로 어휘나 문장 형태는 물론이고 글의 내용이나 구성 및 **장르**(genre) 등에 대해 아무런 제한을 두지 않는 것입니다. 이 활동의 주된 목적은 글을 구성하는 여러 요인 중 독자를 염두에 두면서 내용이나 형식에 구애받지 않고 자유롭게 글을 쓰게 함으로써 유창성(fluency)을 기르기 위한 것이지요(Raimes, 1983). 자유 작문을 언제 실시하는 것이 좋은가에 대해서는 학자들에 따라 다른데, 크게 두 가지 입장으로 나누어집니다.

첫 번째는 통제 작문 활동을 충분히 한 이후 중급 및 고급 단계에서 언어적 오류 없이 자유롭게 작문하도록 해야 한다는 입장입니다(Rivers, 1981). 두 번째는 학습 초기부터 자유 작문을 실시해야 한다는 입장이지요(Paulston & Bruder, 1976). 첫 번째 입장은 통제-자유 작문 접근법이라 할 수 있고, 두 번째 입장이 바로 자유 작문 접근법입니다. 자유 작문 접근법에서는 통제-자유 작문 접근법과는 달리 쓰기의 양과 내용을 중시하므로 학습자의 글에 나타나는 오류는 가능하면 수정하지 않으려고 하지요. 왜냐하면 오류를 수정할 경우, 학습자가 글을 쓰는 데 있어서 정확성에 얽매이게 하고 결과적으로 글을 쓰는 흥미나 동기를 잃게 만들 수 있기 때문입니다(김영숙 외 6인, 2006).

학습 초기부터 자유 작문을 실시하는 것은 쓰기 지도의 궁극적인 목표, 즉 '표현하고 싶은 내용을 자유롭게 전달할 수 있는 능력의 함양'과 부합됩니다. 그러나 자유 작문은 글의 구성이나 전개와 같이 쓰기에 필요한 능력을 체계적으로 함양시키기 어렵다는 한계점이 있지요. 모국어 화자라 하더라도 모든 사람이 자신의 생각을 글로 거침없이 써낼 수 있는 것은 아니므로 학습자가 외국어로 자신의 생각을 자유롭게 표현하도록 지도한다는 것은 실제로 불가능한 경우가 많다는 문제점도 있습니다(김영숙 외 6인, 2006). 자유 작문의 예시는 매우 다양하므로 생략합니다.

이제 쓰기 능력 평가와 관련된 2022학년도 중등 임용고사(영어) 3교시 전공B의 10번 문항을 살펴보도록 하겠습니다.

---

10. Read the passage in <A> and the tests in <B>, and follow the directions. [4 points]

<A>

Mr. Lee and Ms. Min are both middle school English teachers for 1st graders, but their students' English writing proficiency is quite different from each other. The two teachers have developed tests to assess their students' abilities to write using comparatives and superlatives as the target forms.

Mr. Lee's Assessment Note

■ I taught my students to write simple sentences using comparatives and superlatives and provided sentence drill activities to practice them in previous lessons. After that, I designed a writing test to assess my students' abilities to make a simple sentence using one of the target forms.

Ms. Min's Assessment Note

- My students learned how to use comparatives and superlatives in sentences. After they were able to write sentences using the target forms accurately, I offered a story-writing activity in class. Then, I made a test to assess how well the students put sentences together to write a story using the target forms.

<B>

Test 1

Directions: Based on the pictures, fill in each blank with an appropriate comparative or superlative.

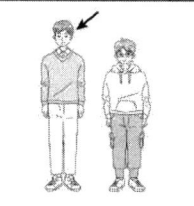

1. tall → _____

2. long → _____

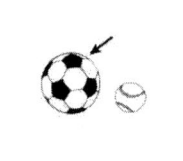

3. big → _____

Test 2

Directions: Describe the two people circled in the picture by using one of the words listed below.

1. taller
2. younger
3. older

Test 3

Directions: Choose the correct answer.

My friends and I loved watching soccer on television, but we couldn't play it. We didn't have a team. Eventually, we made a soccer team and we were happy. Last Wednesday, we had a game, but it rained a lot. Our shoes got wet and heavy. The other team's players ran faster than us. So we took off our shoes.

Q. How was the weather last Wednesday?
   a. sunny   b. rainy   c. cloudy   d. snowy

Test 4

Directions: Describe the sequenced pictures using comparatives and/or superlatives. You should write more than THREE sentences with appropriate connectors.

Based on <A>, identify ONE test in <B> that each teacher developed, respectively. Then, explain your answers with evidence from <B>.

이교사와 민교사는 모두 중학교 영어 교사로서 1학년을 맡고 있습니다. 그런데 학생들의 영어 쓰기 능력(English writing proficiency)이 서로 많이 달라 고민하고 있네요. 두 선생님은 비교급(comparatives)과 최상급(superlatives) 형태를 수업목표로 잡고 이것을 사용하여 글 쓰는 능력을 평가하고자 문항을 개발했습니다. 먼저 이교사의 평가 메모를 살펴보도록 하지요.

이교사의 평가 메모
학생들에게 비교급과 최상급을 사용하여 간단한 문장을 쓸 수 있도록 가르쳤고 이전 수업 시 이것들을 연습하기 위해 문장 훈련(sentence drill) 활동을 제공하였다. 그 후 목표 형태들 중 하나를 사용하여 간단한 문장을 쓸 수 있는지 평가하기 위해 쓰기 평가 문항을 설계하였다.

민교사의 평가 메모
학생들은 문장 속에서 비교급과 최상급을 어떻게 사용하는지 배웠다. 목표 형태들을 정확하게 사용하여 문장을 쓸 수 있게 된 후, 나는 수업에서 이야기 쓰기(story-writing) 활동을 제공하였다. 그런 다음 나는 학생들이 목표 형태들을 사용하여 스토리를 작성하되 여러 문장들을 얼마나 잘 연결하는지 평가하기 위해 평가 문항을 제작하였다.

지시문의 내용을 살펴보면, <A>를 토대로 하여 각각의 교사가 개발한 평가 문항을 <B>에서 하나씩 식별해내고 그렇게 답한 근거를 <B>에서 찾아 설명하라는 것입니다. 이제 평가 문항을 하나하나 살펴보도록 하지요.

평가 1: 그림을 보고 적절한 비교급이나 최상급을 사용하여 빈칸을 채우라는 것입니다. 하위 문항 3개 모두 그림과 함께 형용사만 제시되고 있어서 학생들이 바른 형태를 답했다 하더라도 문장 속에서의 쓰임새까지 알고 있는지는 파악할 수 없습니다.

평가 2: 그림의 원 안에 있는 두 사람을 묘사하는 문제로 그림 오른쪽에 사용 가능한 비교급 형태가 제시되어 있습니다.

평가 3: 주어진 글을 읽고 물음에 답하는 문제입니다. 글의 내용을 살펴보면, 나와 친구들은 TV로 축구 경기 시청을 좋아하지만 경기를 직접 할 수는 없었는데 이유는 팀이 없었기 때문이지요. 그렇지만 결국에는 축구팀을 만들었고 덕분에 기분이 좋았습니다. 지난 수요일에 우리는 경기를 하였는데 비가 많이 왔지요. 우리가 신었던 신발이 젖어서 무거워졌습니다. 다른 팀 선수들은 우리보다 더 빨리 달렸고 그래서 우리는 신발을 벗었다는군요.
 질문은 지난 수요일의 날씨가 어떠했는지 묻고 있으며 네 가지 선택지 중 하나를(정답은 b. rainy) 고르면 됩니다.

평가 4: 세 개의 연속된 그림이 주어져 있고 비교급이나 최상급을 사용하여 그림 속 상황을 묘사하도록 하고 있습니다. 적절한 연결사(connectors)로 세 개 이상의 문장을 쓰도록 지시하고 있지요.

이상의 평가 문항을 검토해보면, 이교사는 학생들이 목표 형태들 중 하나를 사용하여 간단한 문장을 쓸 수 있는지 평가하고자 하였으므로 이교사가 개발한 평가 문항은 2번입니다. 한편, 민교사는 학생들이 목표 형태들을 사용하여 스토리를 작성하되 여러 문장들을 얼마나 잘 연결하는지 평가하고자 하였으므로 민교사가 개발한 평가 문항은 4번입니다.

정답 예시 ☞ Mr. Lee develops Test 2. In the Test 2, he asks students to describe the picture using comparatives, which is the target form. Ms. Min develops Test 4. In the Test 4, she asks students to describe the sequenced pictures using the target forms.

19. 채점자 신뢰도

◆ 논술형 답안에 대한 채점은 어떻게 해야 신뢰를 얻을 수 있을까요?

☞ 논술형 문항의 가장 큰 단점은 채점의 **일관성(consistency)**입니다. 논술형 문항의 경우, 수험자가 작성한 답을 여러 채점자가 채점하는 것이 일반적인데 이것은 채점의 주관성(subjectivity)을 다소나마 피하기 위해서입니다. **채점 기준(scoring criteria)**을 명확하게 작성하는 것도 도움이 되지요. 그렇지만 실제로 채점을 실시해보면, 똑같은 응답에 대해 채점자마다 점수가 제각각인 경우가 종종 발생합니다. 또한 여러 수험자의 답안을 채점하다 보면 채점자가 채점 기준을 일관되게 적용하지 못하는 경우도 발생하지요. 채점자도 사람인지라 피곤함이 누적되면 그렇게 될 가능성은 분명히 있습니다.

이러한 문제점을 해결하여 채점의 일관성을 도모하기 위한 방법으로는 채점이 끝난 후 **채점자간 신뢰도(inter-rater reliability)** 또는 **채점자내 신뢰도(intra-rater reliability)**를 측정하여 누구의 채점이 용인할 수 없을 정도로 평균적인 경향에서 벗어났는지 알아보는 것입니다(Hughes, 2008). 채점자간 신뢰도란 한 수험자의 응답에 대해 각 채점자들이 부여한 점수들 사이에 편차가 얼마나 있는지 알아보는 것인데, 여러 채점자들이 비슷한 점수를 부여하여 편차가 적다면 채점자간 신뢰도는 높다고 말할 수 있지요. 다수의 채점자들이 비슷한 기준을 적용하여 일관성 있게 채점하였다는 뜻입니다. 한편, 채점자내 신뢰도란 한 사람의 채점자가 시간적 간격을 두고 여러 수험자의 응답을 채점하였을 경우, 먼저 채점한 결과와 나중에 채점한 결과 사이에 편차가 적다면 채점자내 신뢰도가 높다고 말할 수 있습니다. 이것은 채점자의 자기 일관성이 크다는 것을 의미합니다(이완기, 2003).

1) 논술형 문항의 장단점

논술형 문항의 가장 큰 장점은 수험자의 응답을 제한하지 않음으로써 수험자가 가진 모든 정신 능력을 최대로 발휘할 수 있도록 자유를 준다는 점입니다. 이를테면 문제를 이해하거나 해결하는 능력, 자신의 생각을 논리적으로 전개할 수 있는 능력, 분석적 또는 종합적 사고력, 논리 전개에 따라 결론을 유도해내는 능력, 새로운 견해나 문제를 제시하는 능력 등 매우 다양한 고등정신 능력을 측정할 수 있지요. 요약하면, 논술형 문항은 수험자의 분석력, 비판력, 조직력, 종합력, 창의력, 문제해결능력을 알아볼 수 있고 동시에 이러한 논술형 문항에 대비하기 위해 학습자들이 그러한 능력을 함양하도록 유도할 수 있습니다(이로운 역류 효과). 아울러 문항의 형태와 관련하여 문항 제작이 선다형이나 단답형에 비해 상대적으로 수월하다는 장점도 있지요(성태제, 2004).

그렇지만 논술형 문항이 지닌 단점 또한 많습니다.
첫째, 논술형 문항은 많은 문항을 출제하기가 용이하지 않으므로 학업성취도 검사 시 넓은 교과 영역을 출제하기가 쉽지 않습니다.
둘째, 광범위한 내용을 논술하는 문제는 수험생 입장에서 매우 어렵습니다. 교수학습에 근거한 내용을 물어보는 논술형 문항은 학습한 내용에 근거하고 있으므로 추상적이지 않으나, 대학별로 치러지는 논술문제는 매우 추상적인 경우가 종종 있습니다. 예를 들어, 1995학년도에 서울의 모 대학에서 출제된 논술형 문제는 "과거, 현재, 미래의 유기적 연결성을 논의의 축으로 하여 여러분이 해야 할 일을 제시하라"였는데, 대입을 준비하는 수험생에게는 결코 쉽지 않은 문항이었지요.
셋째, 수험자의 문장력이 채점에 영향을 줄 수 있습니다. 논술형 문항은 일반적으로 고등정신 능력을 측정하기 위한 것임에도 불구하고 문장력이 뛰어난 수험자가 상대적으로 높은 점수를 받을 수 있습니다.
넷째, 채점의 신뢰성 문제인데 이것은 앞에서 상술하였으므로 자세한 설명은 생략합니다.

다섯째, 문항이 바르게 제작되지 않는다면 선다형 문항보다 더 단순한 지식의 인지 여부를 묻는 문항이 될 수 있습니다. 단순히 'OOO에 대하여 쓰시오"와 같은 형태의 문항은 단순한 사실에 대한 기억 여부나 이해 정도를 묻는 문항이라 할 수 있지요. 따라서 논술형 문항이라고 해서 모두가 고등정신 능력을 측정하는 것은 아닙니다.

2) 논술형 문항의 채점 방법

논술형 문항을 채점할 때 주의해야 할 점은 채점자의 주관이 개재될 가능성이 항상 내포되어 있다는 점입니다. 예를 들면, 채점자가 수험자에 대해 갖고 있는 인상이나 느낌에 따라 채점이 영향을 받는 **후광효과(halo effect)**가 있는가 하면, 앞의 수험자에 대한 채점 결과가 다음 수험자의 채점에 영향을 미치는 **이월효과(carryover effect)**도 있지요. 이와 같이 채점에 따른 문제점을 제거하기 위해 점수를 부여하는 채점기준을 명확히 하거나 채점 방법을 체계화할 필요가 있습니다.

채점방법에는 **분석적 채점(analytic scoring)**과 **총체적 채점(holistic scoring)**이 있는데, 분석적 채점은 응답 내용을 여러 가지 요소로 구분하여 점수를 부여하는 방법이고 총체적 채점은 수험자의 응답을 다 읽은 후 채점자가 받은 전체적인 느낌에 의하여 점수를 부여하는 방법입니다. 총체적 채점은 분석적 채점에 비해 상대적으로 빠른 시간에 채점할 수 있다는 장점이 있으나 일반적으로 채점의 신뢰도가 낮은 편이며, 또한 수험자의 응답이 왜 정답에 가까운가 또는 왜 정답에 미치지 못하는가의 이유를 제대로 설명하지 못한다는 단점이 있지요.

총체적 채점의 문제점인 채점의 신뢰성을 높이기 위해 고안된 분석적 채점을 실행하는 방법은 다음과 같습니다.

첫째, 채점을 시작하기 전에 교재, 노트, 참고서적 등을 종합하여 모범답안을 작성하고 그에 따른 부분점수 부여 기준을 설정합니다. 특히 정답을 구성하는 요소의 중요성에 따라 점수가 배분되고, 각 요소별로 부분 점수를 부여하는 기준이 명시되어야 하지요. 그렇지 않으면 채점의 일관성을 상실할 수 있습니다.

둘째, 수험자의 답안지를 일차적으로 한번 읽고 난 후, 구체적인 채점 기준에 의해 채점해야 합니다. 수험자에 따라서는 서술하는 방법이 다르므로 응답 내용이 수험자마다 다른 순서에 따라 기술될 수 있기 때문입니다.

셋째, 후광효과를 제거하기 위해 수험자의 성명이나 수험번호를 가리고 채점해야 합니다. 어떤 연구에 따르면, 채점자가 수험자를 모르는 상황이라 하더라도 답안지에 있는 수험자의 이름(혹은 사진)이 점수를 부여하는 데 있어서 의미 있는 차이를 가져온다고 하네요(Hughes, 2008).

넷째, 문항 간 채점의 이월효과를 제거하기 위해 수험자의 답안지별로 채점하지 말고, 문항별로 채점해야 합니다. 다시 말해, 모든 수험자의 논술형 1번 문항을 채점하고 난 후, 모든 수험자의 2번 문항을 채점하고, 이어 모든 수험자의 3번 문항을 채점하고... 하는 식이지요.

다섯째, 두 명 이상이 채점하는 다중 채점을 실시해야 합니다. 이것은 주관성을 배제하고 채점의 객관성을 높이기 위한 것이지요. 논술형 채점에서 중요한 것은 객관성(objectivity)인데, 최근 들어서는 채점자가 신뢰도라는 용어로 바꿔 사용되고 있습니다. 이는 여러 채점자들의 채점이 얼마나 유사한가를 측정하는 것이지요.

1994학년도부터 실시되어 온 대학별 고사에서 논술형 문제는 종종 그 문제점이 지적되기도 했습니다. 논술형 문항이 분석력, 비판력, 문제해결력, 창의력 등 고등정신 능력을 함양시키고자 도입되었으나 때로는 너무 추상적이고 광범위한 문항, 수험자의 문장력을 측정하는 듯한 문항 등으로 인해 사회적 물의가 일어나

기도 했지요. 특히, 김성숙(1995)은 논술형 문항에서 채점자가 미치는 영향을 무시할 수 없다고 보고하고 있음에 비추어볼 때, 논술형 문항에서 무엇을 측정하고자 하는지, 공정하고 신뢰할 수 있는 채점방법은 무엇인지에 대한 연구가 계속될 필요가 있습니다.

참고로, 논술형 문항의 평가 항목으로서 Kubiszyn과 Borich(1993)는 다음과 같은 여섯 가지 요소를 열거하였는데, 질문 내용에 따라 평가항목은 바뀔 수 있습니다.

항목	내용	항목별 평가방법
내용(content)	질문 내용에 타당한 응답 여부	[5단계 평정] 매우 우수함 우수함 보통 부족함 매우 부족함 [3단계 평정] A B C
조직(organization)	서론, 본론, 결론 혹은 기승전결에 따른 문장의 조직	
과정(process)	응답 내용이 정신 기능의 이해, 적용, 분석, 종합, 평가의 어느 수준에 해당하는지의 여부	
정확성/합리성 (accuracy/rationality)	과학적 질문에 대한 응답의 정확성 논리적 질문에 대한 응답의 합리성	
완성도/내적 일관성	질문의 내용에 대한 응답의 완성도 응답 내용의 일관적 서술	
독창성/창의성	응답 내용의 독창적이고 창의적 여부	

이제 채점자 신뢰도와 관련된 2021학년도 중등 임용고사(영어) 2교시 전공B의 1번 문항을 살펴보도록 하겠습니다.

1. Read the conversation and follow the directions. [2 points]

(T1 is the head teacher, and T2 is teaching English writing this semester at the school.)

T1: Good morning, Mr. Lee. How are your writing classes going?

T2: Good morning, Ms. Park. They're going well, but I find scoring students' writing quite challenging.

T1: What makes you say that?

T2: I rated my students' writing assignments last night. But when I look at them today, I feel I would give different scores.

T1: Why do you think that happened?

T2: Well, I'm pretty sure it was because I was doing it late at night. I think I was too tired.

T1: Mmm.... I don't grade my students' writing assignments when I'm tired. That way, I can avoid being inconsistent. I just put them away until the next day.

T2: I bet that would be very helpful with keeping scoring reliable.

T1: Yeah, it helps.

T2: Another issue is that over time, I tend to stray from the rating criteria. I need to find a way to stick to it for consistency in scoring.

T1: Well, why don't you go back every once in a while and check the last few essays you've marked to see that you're still following the rating criteria?

T2: That's a good idea. It'll help keep me on track.

T1: Exactly.

T2: Thanks for your advice.

Fill in the blank with the ONE most appropriate word.

> Teacher 1, the head teacher, is giving advice on the issue of _____ reliability that Teacher 2 is facing when scoring students' writing.

수석교사인 T1과 이번 학기에 영어 작문을 가르치고 있는 교사 T2가 대화를 나누고 있네요. 작문 수업이 어떻게 진행되어 가느냐고 묻는 T1에게 T2는 잘 되어가지만 학생들의 글을 채점하는 일이 매우 힘들다고 말합니다. 이유가 무엇이냐고 묻자, T2는 어제 밤 학생들의 작문 과제(writing assignments)를 채점했는데 오늘 보니 다른 점수를 주고 싶다고 고백하지요. 왜 그런 일이 발생하는지 묻자 T2는 밤 늦게 하다 보니 그런 것 같다고 하면서 너무 피곤했던 모양이라고 솔직히 말합니다. 이에 수석교사 T1은 자신은 피곤할 때는 학생들의 작문 과제를 채점하지 않으며, 그렇게 해야 채점이 비(非)일관성(being inconsistent)을 피할 수 있다고 말하지요. T2는 공감하면서 그렇게 하면 채점이 믿을 만하게(reliable) 되는 데 도움이 될 것이라고 말합니다. 그런 다음 T2는 또 다른 문제점으로 채점하다 보면 시간이 지나면서 채점 기준(the rating criteria)에서 벗어나는 경향이 있는 것 같은데, 채점의 일관성(consistency)을 위해서 그것(채점 기준)을 고수할 수 있는 방법을 찾아야 하겠다고 토로합니다. 이에 수석교사 T1은 채점하는 동안 이따금씩 이전으로 돌아가 이미 채점했던 몇몇 에세이를 점검해보면서 채점 기준을 여전히 따르고 있는지 점검해보라고 조언하지요. T2는 그렇게 하면 자신이 채점 기준을 바르게 유지하는 데 도움이 될 것 같다고 T1에게 감사를 표합니다.

지시문의 내용을 살펴보면, 수석교사인 T1은 T2가 학생들의 작문 과제을 채점할 때 직면하고 있는 _____ 신뢰도 문제에 대해 조언하고 있다라는 내용입니다.

정답 ☞ intra-rater reliability
※ 평가자를 의미하는 용어는 rater, scorer, marker 등 여러 가지가 있으므로 어떤 용어를 쓰든 괜찮습니다.

이제 채점자 신뢰도와 관련된 또 하나의 문제인 2025학년도 중등 임용고사(영어) 2교시 전공A의 4번 문항을 살펴보도록 하겠습니다.

4. Read the conversation in <A> and the passage in <B>, and follow the directions.. [2 points]

<A>

(Two teachers, Mr. Lee and Ms. Kim, recently scored students' speaking assessments. They later discussed the scoring process and Mr. Lee reflected on his scoring experiences in his journals.)

Mr. Lee: As I was reviewing my ratings, I noticed that they were staying consistent throughout the scoring process.

Ms. Kim: Good, it's actually hard to keep the same perspective when grading multiple students. But you mean you found actual similarities in your scores for the same students over time?

Mr. Lee: Yes, exactly. I think I might have benefitted from reviewing my previous scores before re-evaluating anyone's performance to see if I'm staying consistent.

Ms. Kim: That makes sense. You know, I've noticed that we have some scoring differences between us on certain criteria.

Mr. Lee: Right. I normally give a score of 10 if students have natural flow even though they may demonstrate some errors in grammar or vocabulary. How about you?

Ms. Kim: Oh, I've constantly made efforts to adhere to our scoring criteria, and I give a perfect score only when they speak without any errors or hesitation.

Mr. Lee: All right. Now I can see why we have different scoring results and it makes me think—these different results could send mixed messages to students.

Ms. Kim: I agree. Let's review our criteria and stick to following our rubric.

Mr. Lee: Sure. That would be fairer for the students.

<B>

Mr. Lee's Reflective Journal

After today's grading session, I reviewed my scores and luckily noticed consistency in my ratings for the same students across different sessions. However, after talking with Ms. Kim, I realized that we provided different scores for the same students. I'm concerned this could lead to some confusion if they receive different scores based on which teacher assesses them. I think it would be helpful if Ms. Kim and I could go over the rubric together to ensure a more unified scoring approach.

Fill in the blanks with the TWO most appropriate words.

Based on <A> and <B>, Mr. Lee is concerned about the lack of _____ _____ in the scoring process. His concern is not about the consistency of rating by a single rater but about the consistency of rating by different raters.

제시문 <A>는 이교사와 김교사, 두 사람이 최근에 채점한 학생들의 말하기 평가와 관련하여 나눈 대화입니다. 채점 이후 그 과정에 대해 논의했고 이교사는 자신의 일지(journals)에 자신의 채점 경험을 반성해보고 있습니다.

먼저 이교사가 자신의 채점을 돌아보니 채점 과정 전반에 걸쳐 일관성을 유지한 것을 알아차렸다고 말합니다. 이에 김교사는 잘한 일이라며 다수의 학생을 채점할 때 똑같은 관점을 유지하기는 실제로 어려운 일인데, 선생님(이교사)의 말은 야간작업(over time)에서도 학생들에 대해 매긴 점수에 실질적인 유사성을 발견했다는 뜻이냐고 묻지요. 이에 이교사가 그렇다며 학생의 수행을 재평가하기 전에 자신이 일관성을 유지하고 있는지 알아보기 위해 이전에 매긴 점수를 검토해 본 것이(reviewing my previous scores) 유익했던 것 같다고 말합니다. 김교사는 일리가 있는 말이라며, 그런데 우리 두 사람은 어떤 채점 기준(criteria)에 대해서는 약간의 채점 차이가 있는 것 같다고 말하지요. 이에 이교사도 동의하면서, 자신은 학생들의 말에서 흐름이 자연스러우면 비록 문법이나 어휘에 약간의 오류가 있어도 대개 10점을 준다고 말합니다. 김교사는 학생들의 말에 오류나 머뭇거림(hesitation)이 없을 경우에만 만점을 주었으며 이러한 채점 기준을 고수하려고 끊임없이 노력했다고 말하지요. 이에 이교사는 우리 두 사람의 채점 결과가 왜 서로 다른지 알겠다며 이러한 차이는 학생들에게 엇갈린 메시지(mixed messages)를 보낼 수도 있다고 말하지요. 김교사 역시 동의하면서 우리의 채점 기준을 검토해보고 **채점기준표(rubric)**를 굳게 따르자고 말합니다. 이에 이교사도 그렇게 하는 것이 학생들에게 보다 공정할 것이라고 말하지요.

다음으로 제시문 <B>, 이교사의 반성 일지(reflective journal) 내용을 살펴보면, 오늘 채점 시간이 끝난 후, 자신이 채점한 점수를 검토했더니 똑같은 학생들에 대해 여러 채점 시간에 걸쳐 매긴 점수가 다행히도 일관성이 있음을 발견했다. 그렇지만 김교사와 대화한 이후, 우리 두 사람이 똑같은 학생들에 대해 서로 다른 점수를 매겼음을 알게 되었다. 이렇게 되면 어떤 선생님이 채점했느냐에 따라 학생들은 서로 다른 점수를 받게 되고 그럴 경우 약간의 혼선이 빚어질까봐 걱정이 된다. 만일 김교사와 자신이 함께 채점표를 살펴보고 채점 방식을 확실하게 통일할 수 있다면 도움이 될 것 같다.

지시문은 빈칸에 알맞은 말을 쓰라는 것이지요. 글의 내용은, <A>와 <B>를 근거로 이교사는 채점 과정에 있어서 _____ _____의 부재(lack)에 대해 걱정하고 있다. 그의 걱정거리는 평가자 한 사람의 채점 일관성에 관한 것이 아니라 서로 다른 평가자의 채점 일관성에 관한 것이다.

이 문제는 2021학년도에 출제되었던 내용과 매우 유사한 문제입니다. 2021학년도의 문제가 한 사람의 평가자가 나타내는 채점 일관성에 관한 것이어서 정답은 intra-rater reliability였지요. 2025년도 문제는 서로 다른 두 사람의 평가자간 채점 일관성을 쓰라는 것이므로 inter-rater reliability가 정답입니다.

정답 ☞ inter-rater reliability

※ 평가자를 의미하는 용어는 rater, scorer, marker 등 여러 가지가 있으므로 어떤 용어를 쓰든 괜찮습니다.

참고로, 임용고사 시험에서 기출문제와 유사한 내용의 문제는 지금까지 나타나지 않았는데 2025학년도에는 처음으로 유사한 내용을 묻는 문제가 출제되었습니다. 물론, 영어교육이나 평가와 관련된 이론이 그다지 크게 바뀔 수 없고, 임용고사에서 출제할 만한 내용은 어느 정도 거의 다 나왔다는 점에 비추어보면, 앞으로도 이러한 경향이 반복될 가능성이 있지요. 그런 점에서 기출문제를 보다 철저히 정리해둘 필요가 있습니다.

20. 듣기 평가 문항 제작

◆ 듣기 평가 기법 중 하나인 받아쓰기는 통합 평가가 될 수 있나요?

☞ **통합 평가(integrative test)**란 언어의 다양한 능력이나 기능들을 한 번의 평가로 통합하여 측정할 수 있다는 가정 하에 실시되는 평가입니다. Oller(1979)의 단일 능력 가설(unitary competence hypothesis)에 따르면, 인간의 언어 능력은 그 하위 능력으로 나눌 수 없는 하나의 통합된 체계로 이루어져 있다고 합니다. 이를테면 어떤 사람이 언어 능력을 갖고 있다는 말은 그 언어의 음운(phonology), 철자(orthography), 어휘(vocabulary), 문법 구조(grammatical structure) 등에 관한 지식은 물론이고, 이러한 지식을 기반으로 하여 언어의 네 가지 기능(듣기, 말하기, 읽기, 쓰기)별로 상황에 맞게 적용 및 실행할 수 있는 능력이 있다는 뜻이며, 이 모든 지식과 기능은 개별 지식이나 기능으로 분리되어 있지 않고 하나의 전체로 통합되어 있다는 것이지요. 언어 능력에 대한 이러한 생각을 전반적인 언어 능력(general language proficiency)개념이라고 합니다.

받아쓰기(dictation)는 단순히 들은 내용을 그대로 받아 적기만 하는 것은 아닙니다. 만일 그렇다면 통합 평가라고 하기 어렵겠지요. 받아쓰기를 할 때 수험자는 일단 들은 내용에 주로 의지합니다. 그렇지만 받아 쓸 내용이 조금만 길어져도 들은 내용을 그대로 기억하여 재생하기(reproduce)는 어렵습니다. 따라서 들은 내용 중 기억나지 않는 부분은 스스로 채워 넣어야 하겠지요. 이 과정에서 수험자가 가진 어휘력은 물론 문법 능력이나 기타 다양한 지식과 능력이 활용됩니다. 바로 이러한 점 때문에 받아쓰기는 통합 평가 기법으로 분류되는 것이지요(Hughes, 2008).

1) 통합 평가(integrative test)와 분리 평가(discrete-point test)

일찍이 Carroll(1968)은 일반적인 상황에서의 언어 사용은 한 개인의 언어 능력(linguistic ability)과 수행 능력(performance ability)이 통합되어 발휘된다고 하였습니다. 그렇다면 그러한 능력에 대한 평가 역시 통합적으로 해야 맞겠지요. 언어 평가의 역사를 살펴보면, 통합 평가 이전에는 **분리 평가(discrete-point test)**가 주류를 이루었습니다. 이는 언어 네 기능이나 요소(음운, 철자, 어휘, 문법 구조 등)를 따로따로 분리시켜 한 번에 한 가지 요소만(one element at a time) 평가하는 방식이었지요(Harris, 1969). 그러나 70년대 이후 기능주의(functionalism) 언어관과 사회언어학이 언어 이론의 주류를 형성하고 80년대 들어 언어교육에서 의사소통적 측면이 강조됨에 따라 의사소통적 접근법이 대두되면서(Heaton, 1988) 언어 능력에 대한 통합적 접근법이 널리 성행하게 되었습니다.

통합 평가 방식으로는 받아쓰기(dictation), 규칙빈칸메우기(cloze procedure), 강의 중 요점 적기(making notes while listening to a lecture), 작문 시험(writing a composition) 등이 있지요(Hughes, 2008). 받아쓰기의 경우, 먼저 구두로 된 언어 자료를 들으면서 수험자는 이를 바탕으로 문법, 음운, 어휘, 통사, 의미 등과 관련된 지식을 철자법과 종합하여 종이 위에 문자 언어로 쓰게 됩니다. 이를 도식화하면 다음과 같지요(Oller, 1971).

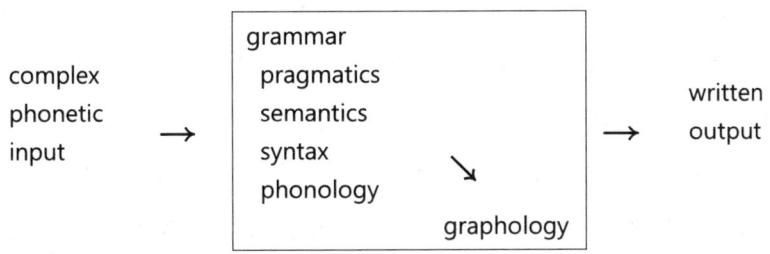

2) 규칙빈칸메우기(cloze test)

통합 평가 방식의 하나로 널리 쓰이고 있는 규칙빈칸메우기는 **형태심리학(Gestalt psychology)**의 무의식적 공백 메우기(closure) 원리에 기초를 두고 있습니다. 형태심리학에서는 사람들이 인식하는 패턴에 어떤 공백이 있을 경우, 전체적 패턴의 정황을 다각도로 고려하여 그 공백을 무의식적으로 매움으로써 온전한 패턴으로 인식하려고 한다는 것이지요(이완기, 2003). 다음 그림을 볼까요?

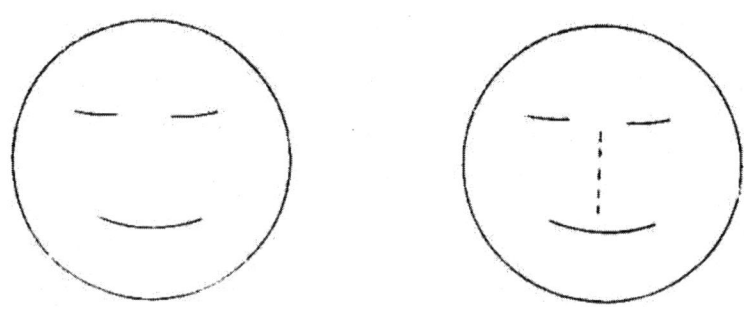

왼쪽 그림은 사람의 얼굴인데 코에 해당되는 부분이 누락되어 있는 미완성 그림이지요. 이렇게 되면 우리가 알고 있는 '사람 얼굴'의 온전한 패턴에 문제가 생기지요. 그래서 무의식적으로 코를 (점선으로) 그려 넣음으로써 완성된 그림으로 만들고자 하는 심리적 경향이 있다는 것입니다(전병만, 1985). 이러한 원리에 따라 만들어진 규칙빈칸메우기 평가는 하나의 글에 적절한 간격을 두고 공백(빈칸)을 만들어 넣습니다. 독자는 글을 읽어가면서 빈칸의 전후 맥락에 따른 각종 단서를 총동원하여 그 공백을 메우려고 하겠지요. 바로 이 과정에서 수험자가 가진 다양한 언어 능력(어휘력, 문법 능력, 독해력 등)은 물론이고 글의 구조와 조직에 대한 지식, 글의 주제와 관련된 배경지식이 종합적으로 활용됩니다. 결과적으로 하나의 평가로 여러 가지 능력을 통합적으로 평가할 수 있는 장점이 있지요.

이제 듣기 평가 문항과 관련된 2021학년도 중등 임용고사(영어) 2교시 전공B의 9번 문항을 살펴보도록 하겠습니다.

9. Read the passage in <A> and the sample items in <B>, and follow the directions. [4 points]

<A>

Ms. Kang, a new high school English teacher, was assigned to create questions for the listening section of the semester's final exam. In order to make the most effective test items, she goes over her notes from her college assessment class and finds the following:

<Item Techniques>

√ information transfer: transferring aural information to a visual representation

√ partial dictation: writing down parts of what you hear while listening to a passage

√ sentence paraphrase: choosing the correct paraphrase from 3-5 distractors

√ sentence repetition: reproducing a stretch of aural language with oral repetition

√ short answer: answering a question with a word or a short phrase without given choices

Looking at her notes, she remembers that each of these techniques has its own strengths. For example, the sentence paraphrase technique has high practicality because it is easy to grade. Other techniques, such as information transfer, partial dictation, and sentence repetition, work well for assessing students' listening ability in a more integrative way. Ms. Kang thinks that she will utilize some of these techniques because she wants to test her students' listening and other language skills simultaneously. Ms. Kang also thinks her students should be able to understand specific details, which is one of her main goals for the class this semester.

So, she wants to test this particular ability in the final exam. While all the techniques in her notes are good for assessing the ability to find specific information, Ms. Kang thinks the sentence repetition technique may not be appropriate since it may only require students to simply repeat what they hear.

<B>

Below are two sample items made by Ms. Kang.

Sample Item 1

- Listen to the information about Minsu's diary schedule and fill in his schedule with the correct information. The information will be given twice.

Minsu's Schedule

	Monday	Tuesday	Wednesday	Thursday	Friday
9-10 am					
10-11 am					
11-12 pm					
12-1 pm			Lunch		
1-2 pm					
2-3 pm					
3-4 pm					

Audio Script

Minsu's classes start at nine in the morning and he eats lunch at noon every day. He has math on Monday, Tuesday, and Friday at nine o'clock. English is scheduled on

Sample Item 2

■ Fill in the blanks with the words you hear. You will hear the passage three times.

> We can find many geographic regions in Korea. The _____ and _____ parts of the country have huge plains. The main rivers flow westward because the mountainous region is mostly on the _____ part of the country.

> *Audio Script*
> We can find many geographic regions in Korea. The southern and western parts of the country have huge plains. The main rivers flow westward because the mountainous region is mostly on the eastern part of the country.

Based on <A>, identify the item technique used in Sample Item 1 and Sample Item 2 in <B>, respectively. Then, explain why the teacher used both item techniques with evidence from <A>. Do NOT copy more than FOUR consecutive words from the passage.

제시문 <A>의 내용을 살펴보면, 고등학교 신규 영어 교사인 강선생님은 학기 말 시험에서 듣기 영역 문제를 출제하기로 했습니다. 가장 효과적인 시험 문항을 만들기 위해 강선생님은 대학 평가 수업 때의 메모를 훑어보다가 **[문항 기법]**이라는 제목 하에 다섯 가지 평가 기법을 발견합니다.

- ■ **정보 전이(information transfer)**: 청각 정보(aural information)를 시각적 표상(a visual representation)으로 바꾸기

- **부분 받아쓰기(partial dictation)**: 지문을 들으면서 들은 내용의 일부를 받아적기
- **문장 부연하기(sentence paraphrase)**: 3-5개의 선택지 중에서 올바로 부연된 것 고르기
- **문장 반복하기(sentence repetition)**: 어느 정도 길이의 청각 언어를 구두로 재생하기
- **단답형(short answer)**: 질문에 선택지 없이 한 단어 또는 짧은 구로 답하기

위와 같은 메모를 살펴보면서 강선생님은 각각의 기법은 나름대로 장점이 있음을 기억해냅니다. 예컨대, 문장 부연하기 기법은 **실용성(practicality)**이 높아서 채점하기가 쉽지요. 기타 다른 기법, 정보 전이, 부분 받아쓰기 및 문장 반복하기 등은 학생들의 듣기 능력을 통합적인 방식으로(in an integrative way) 평가하는 데 효과가 있습니다. 강선생님은 이 기법들 중 몇 가지를 활용할 생각인데, 왜냐하면 학생들의 듣기를 포함하여 다른 언어 기능도 동시에 평가하고 싶기 때문이지요. 또한 강선생님은 학생들이 특정 세부 사항(specific details)도 이해할 수 있어야 한다고 보는데, 이것이야말로 이번 학기의 중요한 수업 목표 중 하나입니다. 그래서 강선생님은 기말고사에서 이 특별한 능력을 평가하고 싶어하지요. 메모에 있는 모든 기법이 특정 정보를 찾아내는 능력을 평가하는 데 좋기는 하지만 문장 반복 기법은 적절하지 않을 수도 있다고 생각하는데, 왜냐하면 학생들이 들은 것을 단순히 반복만 하도록 요구하기 때문입니다.

제시문 <B>는 강선생님이 만든 표본 문항(sample item) 두 개와 듣기 대본(audio script)입니다.

- 표본 문항 1에서는 민수(Minsu)의 수첩에 있는 시간표와 관련된 정보를 듣고 월요일부터 금요일까지의 빈칸을 올바른 정보로 채우는 형태입니

다. 대본 내용을 보면 매일 오전 9시에 수업이 시작되며 12시 정오에 점심을 먹습니다. 월요일, 화요일 및 금요일 9시에는 수학 수업이 있고 영어 수업은 뒷부분이 나와 있지 않군요.
- 표본 문항 2에서는 들려주는 내용을 잘 듣고 지문의 빈칸을 올바른 단어로 채우는 문항 형태입니다. 빈칸이 있는 지문과 듣기 대본을 비교해 보면 똑같은 내용임을 알 수 있으며, 빈칸에 들어갈 말은 순서대로 southern, western, eastern인데, 빈칸마다 한 단어만 쓰도록 하였네요.

지시문의 내용은 <B>의 표본 문항 1과 표본 문항 2에 사용된 문항 기법이 무엇인지 <A>에서 식별해낸 다음, 강선생님이 그러한 문항 기법을 사용한 이유를 <A>에서 찾아 쓰되 지문의 내용을 네 단어 이상 연속하여 베껴쓰지는 말라는 것입니다. 표본 문항 1에서 강선생님이 사용한 기법은 들려준 내용, 즉 청각 정보를 수첩의 시간표, 즉 시각적 정보로 바꾸는 것이므로 정보 전이 기법을 사용하고 있습니다. 한편 표본 문항 2에서 강선생님은 들은 내용을 토대로 빈칸을 채우되, 빈칸마다 한 단어씩만 쓰게 하였으므로 부분 받아쓰기 기법을 사용하고 있습니다.

정답 예시 ☞ The technique used by the teacher in Sample Item 1 is information transfer, which is to convert auditory information into a visual representation. Students are required to fill in the Minsu's Schedule based on what they have heard. Meanwhile, the technique used by the teacher in Sample Item 2 is partial dictation. Students are required to write only one word in each blank based on what they have heard.

21. 말하기 평가: 진정성

◆ 의사소통의 진정성(authenticity)이란 사실대로 말하는 것을 뜻하나요?

☞ 효과적인 의사소통을 위한 필수적인 기술 중 하나는 자신을 진정성 있게 표현하는 능력일 것입니다. 여기서 진정성이란 정직하고 진실되며 자신의 가치관이나 신념에 부합하는 것을 뜻하지요. 진정성을 뜻하는 영어 단어 'authenticity'는 그리스어의 'authenteo'에서 비롯된 것으로 '온전함을 소유한'이라는 뜻을 갖고 있다고 합니다(홍정순, 2015). 이러한 점을 감안하면, 의사소통에서의 진정성은 언뜻 생각하면 위 질문처럼 사실대로 말하는 것이 내포된 것이라 할 수도 있지요.

그러나 현대 영어교육에서의 **'진정성(authenticity)'**이란 영어 교재와 관련하여 사용되는 개념으로서, 교재에 수록된 언어가 실제적인 언어인가, 다시 말해 영어를 모국어로 하는 나라의 실제 상황에서 사용되는 그대로의 자연스러운 언어인가를 이야기할 때 등장합니다. 그런데 이 용어는 다소 모순되는 측면이 있기도 하지요. 왜냐하면 진정성 있는 자료는 원래 교육을 염두에 두고 제작된 것이 아니기 때문입니다(Helgesen, 2003; Thornbury, 2006; Tomlinson, 1998). 이에 대해서는 아래에서 자세히 설명하도록 하지요.

1) 진정성 있는 자료(authentic material)

의사소통(communication)을 중시하는 현대 영어교육에서는 실제 세상과의 맥락에 초점을 맞추고자 합니다(focus on real-world contexts) (Brown & Lee, 2015). 교실에서 학습에 열중하고 있는 학생들의 궁극적인 지향점은 바로 교실 밖 세상이기 때문이지요. 그렇다면 교실에서 학습 및 연습에 사용되는 언어는 당연히 교실 밖 언어와 똑같아야 하며 그래야만 교실에서의 언어 사용 경험이 교실 밖의 유사한 상황맥락에서 별다른 어려움 없이 사용될 수 있을 것입니다. 이러한 점 때문에 세상에서 사용되고 있는 실제적인 자료, 즉 '**진정성 있는 자료(authentic material)**'를 교실 안으로 가져와, 영미인들이 사용하는 그대로의 언어로 가르치고 배우자는 주장은 많은 지지를 받았지요. 진정성 있는 자료는 자연스럽고 흥미로우며 실생활과 관련성이 있기 때문에(Day, 2004) 학습자들의 학습 동기를 높일 수 있으며(McGarry, 1995), 전술한 것처럼 교실 밖 적응력을 길러줄 수 있다는 점 등이 장점으로 꼽혔습니다(Wong, Kwok & Choi, 1995).

그런데 이러한 진정성 있는 자료를 교실 수업에서 사용하고자 할 때 문제가 발생했습니다. 그것은 바로 자료가 가진 특징 때문이었지요. 예를 들어, 빈도가 매우 낮아 학습 유용성이 떨어지는 생소한 어휘, 또는 학습자들이 이해하기 어려운 문법 구문 등이 다수 포함된 자료는 교실에서 사용하기가 부담스러웠습니다. 사실, 교실 밖의 실생활에서 사용되는 각종 '진정성 있는 자료'는 교실 내 학생들을 염두에 두고 만들어진 것이 아니었거든요. 이 때문에 그러한 자료를 아무런 수정을 가하지 않은 채 있는 그대로 사용하기에는 학습자의 언어 또는 인지 수준에 적합하지 않은 경우가 다반사였습니다.

2) 진정성 있는 자료(authentic material)의 확장

시중에 나와 있는 영어 교재의 앞이나 뒤표지에서 흔히 발견되는 광고 문구를 살펴보면, 진정성 있는 언어로 이루어져 있다고 강조하고 있지만, 사실은 많은 부분이 자연 그대로의 언어가 아니라 학습자의 수준에 적합하게 개작되어 있음을 알 수 있습니다. 다음 문구를 살펴봅시다.

"Featuring adapted texts from a variety of authentic sources…"
"Text both shortened and slightly adapted…" (Day, 2004)

위 문안들을 보면, 'adapted'라는 말이 눈에 띄는데, 이는 실생활을 고려하여 만들어졌지만 어휘나 문법 구조는 단순화시켰다는 의미가 내포되어 있습니다 (Helgesen, 2003). 결국, 학습자의 언어 수준에 맞게 수정하였다는 것이지요. 그렇다면 이렇게 수정이나 어떤 조정(adjustments)을 거친 언어 자료는 진정성 있는 자료가 될 수 없는 것일까요?

원래 진정성(authenticity) 개념은 인위적으로 단순화시킨 텍스트(artificially simplified texts)와 아무런 수정을 가하지 않는 '진짜' 텍스트(unmodified 'real' texts)를 구별하기 위해 도입된 것입니다. 1970년대 후반 이후 의사소통적 접근법(communicative approach)의 도래 이후, 진정성이 없는(inauthentic) 텍스트는 언어 사용의 모델(models for language use)로는 무엇인가 적절하지 못한 것으로 생각되었고 따라서 교실 밖 세상에서의 언어생활을 준비하는 데 있어서도 별로 도움이 되지 않는다고 느껴졌지요. 이러한 기조에 따라 학생들이 사용하는 텍스트가 실제 세상에서 사용되는 진정성 있는 자료여야 한다는 것은 당연하게 받아들여졌습니다. 그러나 학생들이 사용하는 모든 자료가 그래야만 한다는 것은 무리한 생각이라는 주장도 제기되었으며, Day와 Bamford(1998, p. 53)는 이를 '진정성 숭배(the cult of authenticity)'라고 불렀지요. 결국, 진정성 있는 자료는 의미를 전달하기 위해 쓰여진 자료로서, 원어민들 사이에서 읽히는 자료일 수도 있지만 학습자들을 위해서 언어 수준이 조정된 자료일 수도 있다는 것입니다 (Swaffar, 1985; Williams, 1984).

진정성을 둘러싼 이러한 논쟁을 살펴보면, 영어교육에서 교재의 진정성 문제는 학습자의 언어 능력과 떼어 논의될 수 없음을 알 수 있지요. 요컨대, 언어학습 교실에서 사용되는 교재는 진정성 있는 자료의 특징을 가능한 한 많이 반영하되, 학습자의 언어나 인지 수준을 고려하여 적절한 정도의 **개작(adaptation)**이 필요하다고 결론지을 수 있습니다.

이제 말하기 평가: 진정성 문항과 관련된 2025학년도 중등 임용고사(영어) 2교시 전공A의 9번 문항을 살펴보도록 하겠습니다.

9. Read the passage in <A> and the teacher's reflection log in <B>, and follow the directions. [4 points]

<A>

Mr. Jeong, an English teacher, was tasked with evaluating speaking assessment items in his students' final exam. Reviewing key principles of speaking assessment, he noted the following:

> ✓ Clarity: Prompts should be straightforward to avoid confusion.
> ✓ Authenticity: Speaking tasks should mirror real-life communication, enabling students to demonstrate natural language use.
> ✓ Integrated Skills Assessment: Tasks should assess speaking alongside other skills, such as listening comprehension, to reflect communicative performance.
> ✓ Practicality: Test items should be feasible and manageable in terms of the time spent in assessment.

<B>

Teacher's Reflection Log

After reviewing the items, I felt that the two items had some good and bad points. Item 1 asked students to describe a memorable experience that they had with a friend, including details such as when it happened, what they did, and why it was memorable. After observing students' responses, I realized that this item resembled a conversation topic in real-life contexts. However, I regret that I didn't set time limits for the item and it took too much time to score it, which made the assessment difficult to manage.

> For Item 2, after looking at a picture of a busy street, students were asked to describe what they saw. Most of the students did very well on this task because the item clearly described what sort of response was desired. I think this item was effective in assessing pronunciation, one of the criteria for assessing speaking skills. However, next time I want to add some more items such as asking students to listen to a short audio and discuss their opinions. It might be more challenging but I believe I can assess multiple skills in the test.
>
> Based on <A>, identify the speaking assessment principles applied in Item 1 and Item 2 in <B>, respectively. Then, explain how each principle was applied in each item with evidence from <B>.

제시문 <A>의 내용을 살펴보면, 영어 교사인 정선생님은 학생들의 최종 시험에서 말하기 평가 문항을 평가하는 업무를 맡았습니다. 말하기 평가의 중요한 원칙들을 검토하여 선생님은 다음 사항들을 메모하였지요.

- √ **명료성(clarity)**: 혼동을 피하기 위해 프롬프트는 복잡하지 않아야 한다.
- √ **진정성(authenticity)**: 말하기 과업은 실생활 속의 의사소통을 반영함으로써 학생들이 자연스러운 언어 사용을(natural language use) 보여줄(demonstrate) 수 있어야 한다.
- √ **통합 기능 평가(integrated skills assessment)**: 과업은 의사소통적 수행(communicative performance)을 반영하여 말하기를 평가하되 듣고 이해하기와 같은 다른 기능도 평가해야 한다.
- √ **실용성(practicality)**: 평가 문항은 평가에 소요되는 시간 측면에서 실행 및 관리가 가능해야(feasible and manageable) 한다.

다음으로 제시문 <B>, 교사의 **성찰 일지(reflection log)**의 내용을 살펴보면, 문항들을 검토한 후, 나(교사)는 두 개 문항에서 좋은 점과 나쁜 점이 있다고 느꼈습니다. 문항 1은 학생들에게 친구와 함께 했던 잊지 못할 경험 한 가지를 묘사하라고 요구했는데, 언제 한 일이고, 무엇을 했으며, 왜 그것이 잊지 못할 경험인지와 같은 세부 사항들(details)을 포함하라고 했지요. 학생들의 응답을 관찰한 후, 나는 이 문항이 실생활 맥락의 대화 주제를 닮았음을 알아차렸습니다. 그러나 이 문항에 대해 시간 제한(time limits)을 두지 않아서 채점하는 데 너무 많은 시간이 걸렸고, 그래서 평가를 관리하기 어렵게 만들었던 점은 후회됩니다.

문항 2로 말하자면, 혼잡한 거리 사진을 살펴본 후 학생들에게 자신이 본 것을 묘사하도록 요구하였습니다. 이 과업에서는 대부분의 학생들이 아주 잘했는데 왜냐하면 이 문항에서는 어떤 종류의 응답이 요구되는지 분명하게 기술했기 때문입니다. 내 생각에 이 문항은 말하기 기능을 평가하는 기준 중 하나인 발음(pronunciation)을 평가하는 데도 효과적이었습니다. 그러나 다음에는 학생들이 짧은 듣기 대본(a short audio)을 들은 후 자기 의견을 논해보도록 요구하는 문항들을 몇 개 더 추가하고 싶습니다. 이렇게 하면 보다 어려워질(challenging) 수도 있지만 그런 평가를 통해 여러 가지 기능을 평가할 수 있다고 믿습니다.

지시문의 내용은 \<A\>를 토대로 하여 \<B\>의 문항 1과 문항 2에 적용된 말하기 평가 원칙이 무엇인지 식별하라. 다음에는 각각의 원칙이 개별 평가 문항에 어떻게 적용되었는지 \<B\>에서 근거를 들어 설명하라는 것입니다. 문항 1과 문항 2에는 잘된 점(good point)과 잘못된 점(bad point)이 있지요. 지시문에서 요구하는 것은 적용된 평가 원칙을 찾아내라는 것이므로 잘못된 점과 관련된 설명에 주의가 흐트러지면 안 되고, 잘된 점에 주목해야 합니다.

문항 1에 적용된 말하기 평가 원칙은 진정성이고, 문항 2에 적용된 평가 원칙은 명료성입니다. 문항 1에서는 친구와 함께 한 잊지 못할 경험을 이야기하는 것, 그리고 그러한 경험을 이야기할 때 언제 일어난 일이고, 함께 무엇을 했고, 왜 그것이 잊지 못할 경험인지는 실생활에서 흔히 일어나는 대화 주제 중 하나이기 때문이지요. 문항 2에서는 대부분의 학생들이 잘 응답한 까닭은 어떤 종류의 답이 요구되는지가 명확하게 진술되었기 때문입니다.

정답 예시 ☞ The speaking assessment principle applied to item 1 is authenticity, and the speaking assessment principle applied to item 2 is clarity. Item 1 asked students to describe a memorable experience that they had with a friend, including when it happened, what they did, and why it was memorable. This task mirrors real-life communication. The reason why most students responded well in item 2 is that what kind of answer is required was clearly stated.

참 고 문 헌

교육부. (2022). *중학교 영어과 교육과정*. 세종: 교육부.

김성숙. (1995). 논술문항 채점의 변동요인분석과 일반화가능도계수의 최적화 조건. *교육평가연구, 8*(1), 35-57.

김영숙, 최연희, 김은주, 남지영, 문영인, 신정선. (2004). *영어과 교육론 1: 원리와 적용*. 서울: 한국문화사.

김영숙, 최연희, 차경애, 남지영, 문영인, 김신혜, 김성연. (2006). *영어과 교육론 2: 교과지도법*. 서울: 한국문화사.

김정렬, 윤지여. (2006). *영어 교육 연구에서 통계의 활용*. 서울: 한국문화사.

박경자. (1999). *영어습득론: SLA를 중심으로*. 서울: ㈜영풍문고.

배두본. (1999). *영어 교재론 개관*. 서울: 한국문화사.

부경순. (1999). 초등학교에서의 통합적인 영어교육. *초등영어교육, 5*(2), 109-137.

성태제. (1999). *교육연구방법의 이해*. 서울: 학지사.

성태제. (2004). *문항제작 및 분석의 이론과 실제*. 서울: 학지사.

신정현, 김혜리, 김명희, 최선희, 김은실, 임지현, 송봉선, 한이경, 이수하, 김지영. (2013). *Middle school English 2*. 서울: YBM.

신정현, 장윤옥, 신희섭, 박일형, 김수연, 윤병우, 이신애, 서윤석, 전훈숙, 이혜은, 박지혜, 정두섭, 마선미. (2012). *High school basic English*. 서울: YBM.

신현경. (1993). *고등학교 영어학습자의 작문지도 연구: 유도작문(Guided Composition)의 유용성 조사*. 석사학위논문, 이화여자대학교 교육대학원, 서울.

양현권, 이의갑, 강규한, 남택현. (2012). *High school practical English 1*. 서울: ㈜ 미래엔.

이상기. (2017). *영어 평가 문항 개발의 실제*. 서울: 한국문화사.

이완기. (2003). *영어 평가 방법론*. 서울: ㈜문진미디어.

임병빈, 강용구, 연준흠, 유철, 송해성. (2001). *High school English*. 대구: ㈜장원교육.

전병만. (1985). *언어능력평가: 규칙빈칸메우기 절차의 분석*. 서울: 한신문화사.

정동빈, 안수웅, 김남국, 민찬규, 박매란. (역). (1995). *언어습득*. 서울: 한신문화사.

최연희. (2004). *영어과 교육론 I: 원리와 적용*. 서울: 한국문화사.

최연희, 이경림. (2010). 쓰기 지도의 원리 및 방안. 최연희(편), *영어 쓰기 교육론: 원리와 적용* (pp. 103-193). 서울: 한국문화사.

최연희, 전은실. (2006). *영어 읽기 교육론: 원리와 적용*. 서울: 한국문화사.

홍정순. (2015). *진정성 척도 개발 및 상담자의 진정성과 작업동맹간의 관계모형 검증*. 박사학위논문, 가톨릭대학교 대학원, 서울.

Acklam, R. (1994). The role of the coursebook. *Practical English teaching, 14*(3), 12-14.

Alderson, J. C., Clapham, C., & Wall, D. (1995). *Language test construction and evaluation*. Cambridge: Cambridge University Press.

Anderson, N. (1999). *Exploring second language reading: Issues and strategies*. Boston, MA: Heinle & Heinle.

Anderson, N. (2003). Reading. In D. Nunan (Ed.), *Practical English language teaching* (pp. 67-86). New York: McGraw-Hill.

Anderson, N. (2004). Metacognitive reading strategy awareness. *CATESL Journal, 16*, 11-27.

Anderson, N. (2014). Developing engaged second language readers. In M. Celce-Murcia, D. Brinton, & M. A. Snow (Eds.), *Teaching English as a second or foreign language* (4th ed.) (pp. 170-188). Boston, MA: National Geographic Learning.

Asher, J. (1965). The strategy of total physical response: An application to learning Russian. *The Modern Language Journal, 44*, 292-300.

Bachman, L. (1990). *Fundamental considerations in language testing*. New York: Oxford University Press.

Bailey, K. M. (1985). Classroom-centered research on language teaching and learning. In M. Celce-Murcia (Ed.), *Beyond basics: Issues and research in TESOL* (pp. 96-122). Rowley, MA: Newbury House.

Bailey, K. M. (1998). *Learning about language assessment: Dilemmas, decisions, and directions*. Cambridge, MA: Heinle & Heinle.

Bailey, K. M. (2003). Speaking. In D. Nunan (Ed.), *Practical English language teaching* (pp. 47-66). New York: McGraw-Hill.

Blommaert, J. (2013). Citizenship, language, and superdiversity: Towards complexity. *Journal of Language, Identity, and Education, 12*, 193-196.

Brinton, D. (2003). Content-based instruction. In D. Nunan (Ed.), *Practical English language teaching* (pp. 199-224). New York: McGraw-Hill.

Brown, G. (1995). Dimensions in difficulty in listening comprehension. In D. Mendelsohn, & J. Rubin (Eds.), *A guide for the teaching of second language listening* (pp. 59-73). San Diego, CA: Dominine Press.

Brown, H. D. (1989). *A practical guide to language learning*. New York: McGraw-Hill.

Brown, H. D. (1991). *Breaking the language barrier*. Yarmouth, ME: Intercultural Press.

Brown, H. D. (2001). *Teaching by principles: An interactive approach to language pedagogy* (2nd ed.). White Plains, NY: Pearson Education.

Brown, H. D. (2004). *Language assessment: Principles and classroom practices*. White Plains, NY: Pearson Education.

Brown, H. D. (2014). *Principles of language learning and teaching* (6th ed.). White Plains, NY: Pearson Education.

Brown, H. D., & Lee, H. (2015). *Teaching by principles: An interactive* approach to language pedagogy (4th ed.). White Plains, NY: Pearson Education.

Burt, M., & Kiparsky, C. (1972). *The gooficon: A repair manual for English*. Rowley, MA: Newbury House.

Buzan, T. (1997). *Speed reading*. New York: Penguin Books.

Bybee, J., & Hopper, P. (Eds.). (2001). *Frequency and the emergence of linguistic structure*. Amsterdam: John Benjamins.

Bybee, J., & Thompson, S. (2000). Three frequency effects in syntax. *Berkeley Linguistic Society, 23*, 65-85.

Bygate, M., Skehan, P., & Swain, M. (Eds.). (2001). *Researching pedagogic tasks: Second language learning, teaching, and testing*. London, UK: Longman.

Byram, M. (2000). Assessing intercultural competence in language teaching. *Sprogforum, 18*, 8-13. Retrieved on 20 October 2013 from the World Wide Web: http://inet.dpb.dpu.dk/infodok/sprogforum/Espr18/byram.html

Cangelosi, J. S. (1990). *Designing tests for evaluating student achievement*. New York: Longman.

Carrell, P. L., Pharis, B. G., & Liberto, J. C. (1989). Metacognitive strategy training for ESL reading. *TESOL Quarterly, 23*, 647-678.

Carroll, J. (1968). The psychology of language testing. In A. Davies (Ed.), *Language testing symposium: A psycholinguistic approach* (pp. 46-69). Oxford: Oxford University Press.

Cathcart, R., & Olsen, J. (1976). Teachers' and students' preferences for correction of classroom conversation errors. In J. Fanselow, & R. Crymes (Eds.), *On TESOL 76* (pp. 41-53). Washington, DC: Teachers of English to Speakers of Other Languages.

Christison, M. A. (2003). Learning styles and strategies. In D. Nunan (Ed.),

Practical English language teaching (pp. 267-288). New York: McGraw-Hill.

Chun, A., Day, R., Chenoweth, N., & Luppescu, S. (1982). Types of errors corrected in native-nonnative conversations. *TESOL Quarterly, 16,* 537-547.

Corder, S. (1971). Idiosyncratic dialects and error analysis. *International Review of Applied Linguistics, 9,* 147-159.

Corder, S. (1973). *Introducing applied linguistics.* Harmondsworth, UK: Penguin Books.

Curran, C. (1972). *Counseling-learning: A whole-person model for education.* New York: Grune and Stratton.

Curran, C. (1976). *Counseling-learning in second languages.* Apple River, IL: Apple River Press.

Davies, P., & Pearse, E. (2000). *Success in English teaching.* Oxford: Oxford University Press.

Day, R. (2004). A critical look at authentic materials. *Journal of Asia TEFL, 1*(1), 101-114.

Day, R., & Bamford, J. (1998). *Extensive reading in the second language classroom.* Cambridge: Cambridge University Press.

Day, R., Chenoweth, N., Chun, A., & Luppescu, S. (1984). Corrective feedback in native-nonnative discourse. *Language Learning, 34,* 19-45.

Doughty, C., & Williams, J. (Eds.). (1998). *Focus on form in classroom second language acquisition.* Cambridge: Cambridge University Press.

Dykstra, G., Port, R., & Port, A. (1968). *Ananse tales: A course in controlled composition* (workbook). New York: Teachers College, Columbia University.

Ebel, R. L. (1965). *Measuring educational achievement.* Englewood Cliffs, NJ: Prentice-Hall.

Ellis, R. (2006). Current issues in the teaching of grammar: An SLA perspective. *TESOL Quarterly, 40*(1), 83-107.

Eskey, D. (2005). Reading in a second language. In E. Hinkel (Ed.), *Handbook of research in second language teaching and learning* (pp. 563-579). Mahwah, NJ: Lawrence Erlbaum Associates.

Faerch, C., Haastrup, K., & Phillipson, R. (1984). *Learner language and language learning*. Clevedon, UK: Multilingual Matters.

Garcia Mayo, M. (2007). *Investigating tasks in formal language learning*. Clevedon, UK: Multilingual Matters.

Gass, S., & Selinker, L. (2001). *Second language acquisition: An introductory course* (2nd ed.). Mahwah, NJ: Lawrence Erlbaum Associates.

Gattegno, C. (1963). *Teaching foreign language in schools: The silent way*. New York: Educational Solutions.

Goodman, K. S. (1967). Reading: A psycholinguistic guessing game. *Journal of the Reading Specialist, 6*(4), 126–135.

Grabe, W. (2004). Research on teaching reading. *Annual Review of Applied Linguistics, 24*, 44-69.

Grabe, W., & Stoller, F. (2014). Teaching reading for academic purposes. In M. Celce-Murcia, D. Brinton, & M. A. Snow (Eds.), *Teaching English as a second or foreign language* (4th ed.) (pp. 189-205). Boston, MA: National Geographic Learning.

Graves, K. (2003). Coursebooks. In D. Nunan (Ed.), *Practical English language teaching* (pp. 225-246). New York: McGraw-Hill.

Griffiths, G., & Keohane, K. (2000). *Personalizing language learning*. Cambridge: Cambridge University Press.

Hamp-Lyons, L. (1985). Two approaches to teaching reading: A classroom-based study. *Reading in a Foreign Language, 3*, 363-373.

Harmer, J. (2007). *The practice of English language teaching* (4th ed.). Harlow, UK: Pearson Education.

Harris, D. P. (1969). *Testing English as a second language*. New York: McGraw-Hill.

Hart, D. (1994). *Authentic assessment*. Reading, MA: Addison-Wesley.

Hawes, K. S. (2006). *Comparison of efficient and slow readers*. Retrieved on Feb. 11, 2006, from the World Wide Web: http://www.people.memphis.edu/~kshawes/speed01.html

Heaton, J. B. (1988). *Writing English language tests*. London: Longman.

Hedge, T. (1988). *Writing*. Oxford: Oxford University Press.

Hedge, T. (2000). *Teaching and learning in the language classroom*. Oxford: Oxford University Press.

Helgesen, M. (2003). Listening. In D. Nunan (Ed.), *Practical English language teaching* (pp. 23-46). New York: McGraw-Hill.

Hendrickson, J. (1980). Error correction in foreign language teaching: Recent theory, research, and practice. In K. Croft (Ed.), *Readings on English as a second language* (2nd ed.) (pp. 153-174). Cambridge, MA: Winthrop.

Hinkel, E. (2006). Current perspectives on teaching the four skills. *TESOL Quarterly, 40,* 109-131.

Horwitz, E. K. (2008). *Becoming a language teacher: A practical guide to second language learning and teaching*. White Plains, NY: Pearson Education.

Howatt, A. P. R., & Widdowson, H. G. (2004). *A history of English language teaching* (2nd ed.). Oxford: Oxford University Press.

Hughes, A. (2008). *Testing for language teachers* (2nd ed.). Cambridge: Cambridge University Press.

Kern, R. G. (1989). Second language reading strategy instruction: Its effects on comprehension and word inference ability. *The Modern Language Journal, 73*, 136-149.

Kim, Y. (2009). The effects of task complexity on learner-learner interaction. *System, 37*, 254-268.

Kramsch, C. (2013). Teaching culture and intercultural competence. In C. Chapelle (Ed.), *The encyclopedia of applied linguistics* (pp. 2895-2898). West Sussex, UK: Blackwell.

Krashen, S. (1982). *Principles and practice in second language acquisition.* Oxford: Pergamon Press.

Krashen, S. (1985). *The input hypothesis: Issues and implications.* New York: Longman.

Krashen, S., & Terrell, T. (1983). *The natural approach: Language acquisition in the classroom.* Hayward, CA: Alemany.

Kubiszyn, T., & Borich, G. (1993). *Educational testing and measurement* (4th ed.). New York: Harper Collins College.

Kumaravadivelu, B. (2001). Toward a postmethod pedagogy. *TESOL Quarterly, 35*, 537-560.

Lennon, P. (1991). Error: Some problems of definition, identification, and distinction. *Applied Linguistics, 12*, 180-196.

Loewen, S., Li, S., Lei, F., Thompson, A., Nakatsukasa, K., Ahn, S., & Chen, X. (2009). Second language learners' beliefs about grammar instruction and error correction. *Modern Language Journal, 93*, 91-104.

Long, D. R. (1989). Second language listening comprehension: A schema-theoretic perspective. *Modern Language Journal, 73*(1), 32-40.

Long, M. (1985). Input and second language acquisition theory. In S. Gass & C. Madden (Eds.), *Input in second language acquisition* (pp. 377-393). Rowley, MA: Newbury House.

Long, M. (2003). Stabilization and fossilization in interlanguage development. In C. Doughty, & M. Long (Eds.), *The handbook of second language acquisition* (pp. 413-468). San Diego, CA: Academic Press.

Long, M. (2007). *Problems in SLA*. New York: Lawrence Erlbaum Associates.

Lozanov, G. (1978). *Suggestology and outlines of suggestopedy*. New York: Gordon and Breach.

Lynch, T. (2010). *Communication in the language classroom*. Oxford: Oxford University Press.

Lyster, R. (2004). Differential effects of prompts and recasts in form-focused instruction. *Studies in Second Language Acquisition, 26*, 399-432.

Marshall, T. (1989). *The whole world guide to language learning*. Yarmouth, ME: Intercultural Press.

McGarry, D. (1995). *Learner autonomy 4: The role of authentic texts*. Dublin: Authentik.

McNeill, D. (1966). Developmental psycholinguistics. In F. Smith, & G. Miller (Eds.), *The genesis of language: A psycholinguistics approach* (pp. 69-73). Cambridge, MA: Massachusetts Institute of Technology Press.

Naiman, N., Fröhlich, M., Stern, H., & Todesco, A. (1978). *The good language learner*. Toronto: Ontario Institute for Studies in Education. (Reprinted by Multilingual Matters, Clevedon, UK).

Nunan, D. (1989). *Designing tasks for the communicative classroom*. Cambridge: Cambridge University Press.

Nunan, D. (2003a). Grammar. In D. Nunan (Ed.), *Practical English language teaching* (pp. 153-172). New York: McGraw-Hill.

Nunan, D. (2003b). Methodology. In D. Nunan (Ed.), *Practical English language teaching* (pp. 3-22). New York: McGraw-Hill.

Nunan, D. (2004). *Task-based language teaching*. Cambridge: Cambridge

University Press.

Nunnally, N. (1967). *Psychometric theory.* New York: McGraw-Hill.

Nuttall, C. (1996). *Teaching reading skills in a foreign language* (1st ed.). Oxford: Heinemann.

Oller, J. W. (1971). Dictation as a device for testing foreign language proficiency. *English Language Teaching, 25*(3), 254-259.

Oller, J. W. (1979). *Language testing at school: A pragmatic approach.* London: Longman.

O'Malley, J., & Chamot, A. (1990). *Learning strategies in second language acquisition.* New York: Cambridge University Press.

Oxford, R. (1990). *Language learning strategies: What every teacher should know.* New York: Newbury House.

Oxford, R. (2011). *Teaching and researching language learning strategies.* Harlow, UK: Pearson Education.

Oxford, R., & Ehrman, M. (1988). Psychological type and adult language learning strategies: A pilot study. *Journal of Psychological Type, 16,* 22-32.

Paulston, C. B., & Bruder, M. N. (1976). *Teaching English as a second language: Techniques and procedures.* Cambridge, MA: Winthrop.

Phillips, D. (2001). *Longman introductory course for the TOEFL test: Preparation for the computer and paper tests* (2nd ed.). White Plains, NY: Pearson Education.

Raimes, A. (1983). *Techniques in teaching writing.* Oxford: Oxford University Press.

Richards, J. C., & Renandya, W. A. (Ed.). (2005). *Methodology in language teaching: An anthology of current practice.* Cambridge: Cambridge University Press.

Rivers, W. M. (1981). *Teaching foreign-language skills* (2nd ed.). Chicago, IL:

The University of Chicago Press.

Robinson, L. (1967). *Guided and free writing*. New York: Harper & Row.

Robinson, P. (Ed.). (2011). *Second language task complexity: Researching the cognition hypothesis of language learning and performance*. Amsterdam: John Benjamins.

Robinson, P., & Gilabert, R. (2007). Task complexity, the cognition hypothesis, and second language learning and performance. *International Review of Applied Linguistics, 45*, 161-176.

Rogers, C. (1951). *Client-centered therapy*. Boston, MA: Houghton Mifflin.

Rubin, J. (1975). What the "good language learner" can teach us. *TESOL Quarterly, 9*, 41-51.

Rubin, J., & Thompson, I. (1982). *How to be a more successful language learner*. Boston, MA: Heinle & Heinle.

Salataci, R., & Akyel, A. (2002). Possible effects of strategy instruction on L1 and L2 reading. *Reading in a Foreign Language, 14*, 1-17.

Selinker, L. (1972). Interlanguage. *International Review of Applied Linguistics, 10*, 201-231.

Selinker, L., & Lamendella, J. (1979). The role of extrinsic feedback in interlanguage fossilization: A discussion of "Rule fossilization: A tentative model." *Language Learning, 29*, 363-375.

Sharwood-Smith, M. (1991). Speaking to many minds: On the relevance of different types of language information for the L2 learner. *Second Language Research, 7*(2), 118-132.

Sharwood-Smith, M. (1993). Input enhancement in instructed SLA. *Studies in Second Language Acquisition, 15*(2), 165-179.

Sheen, Y., & Ellis, N. (2011). Corrective feedback in language teaching. In E. Hinkel (Ed.), *Handbook of research in second language teaching and learning: Volume II* (pp. 593-610). New York: Routledge.

Shoebottom, P. (2007). *Story without a middle*. Retrieved on August 3rd, 2009, from the World Wide Web: http://esl.fis.edu/learners/writing/colors/green08.htm (A guide to learning English)

Skehan, P. (1998). *A cognitive approach to language learning*. Oxford: Oxford University Press.

Skehan, P. (2003). Task-based instruction. *Language Teaching, 36*, 1-14.

Spache, G. D., & Spache, E. B. (1982). *Project achievement: Reading E*. New York: Scholastic.

Spada, N. (1997). Form-focused instruction and second language acquisition: A review of classroom and laboratory research. *Language Teaching, 30*, 73-87.

Stern, H. (1975). What can we learn from the good language learner? *Canadian Modern Language Review, 34*, 304-318.

Stevick, E. (1989). *Success with foreign languages: Seven who achieved it and what worked for them*. New York: Prentice Hall.

Stevick, E. (1997). *Memory, meaning and method* (2nd ed.). Boston, MA: Heinle & Heinle.

Swaffar, J. K. (1985). Reading authentic texts in a foreign language: A cognitive model. *The Modern Language Journal, 69*, 15-34.

Thornbury, S. (2006). *An A-Z of ELT*. Oxford: Macmillan.

Tomlinson, B. (1998). *Materials development in language teaching*. Cambridge: Cambridge University Press.

Wallace, C. (2012). *Reading*. Oxford: Oxford University Press.

Williams, E. (1984). *Reading in the language classroom*. London: Macmillan.

Williams, J. (2005). *Teaching writing in second and foreign language classrooms*. New York: McGraw-Hill.

Willis, D. (2003). *Rules, patterns and words*. Cambridge: Cambridge University Press.

Willis, D., & Willis, J. (2007). *Doing task-based teaching*. Oxford: Oxford University Press.

Willis, J. (1996). *A framework for task-based learning*. Essex, UK: Longman.

Wong, V., Kwok, P., & Choi, N. (1995). The use of authentic materials at tertiary level. *ELT Journal, 49*(4), 318-322.

Wood, R. (1977). Multiple choice: A state of the art report. *Evaluation in Education: International Pro Press, 1*, 191-280.

저자 소개 **송 해 성**

- 공주사범대학 영어교육과 졸업
- 공주대학교 교육대학원 영어교육과 졸업(교육학 석사)
- 전북대학교 대학원 영어영문학과 졸업(Ph. D)
- 현 공주대학교 사범대학 영어교육과 교수, 대한영어교육연구학회장
- 전 한국영어어문교육학회장
- 전 공주대학교 사범대학 교육연수원장

[저서 및 번역서]
- SPSS23을 활용한 영어교육 통계처리 방법(2023, 도서출판 보성)
- 영어교육 SPSS 통계처리 따라잡기(2019, 도서출판 보성)
- 영어교육 프레젠테이션 따라잡기(2015, 도서출판 보성)
- 영어교육 연구방법(2014, 공저, 한국문화사)
- 영어교육사(2012, 공역, 한국문화사)
- 언어 교사를 위한 평가 이론과 실제(2012, 공역, 케임브리지)
- 영어교육을 위한 프레젠테이션 제작의 실제(2010, 도서출판 보성)
- 2007 개정 교육과정 중2 영어 교과서 및 학습활동책(2009, 공저, 교육과학기술부)
- 2007 개정 교육과정 중1 영어 교과서 및 학습활동책(2008, 공저, 교육과학기술부)
- 성공적인 영어교사를 위한 12가지 수업방법(2007, 공역, 꿈이있는세상)
- 문화의 이해로 가르치는 영어(2006, 공역, 이퍼블릭)
- 파워포인트 활용 영어교육(2006, 도서출판 보성)
- 외국어 어떻게 배우고 가르치는가(2005, 공역, 범문사)
- 제2언어 교수 학습(2003, 공역, 한국문화사)
- 영어읽기의 새로운 기법을 활용한 교실수업 지도 방법(2002, 공역, 한신문화사)
- 영어의 이해(2002, 편저, 도서출판 보성)
- 제7차 교육과정 고등영어 교과서(2001, 공저, 교육인적자원부)
- 영어교사를 위한 파워포인트 도우미(1999, 공저, 도서출판 보성)

알기 쉬운 영어교육론

인　쇄 : 2024년 12월 16일
발　행 : 2024년 12월 16일

저　자 : 송　해　성
발행인 : 박　상　규
발행처 : **도서출판 보 성**

주　소 : 대전광역시 동구 태전로126번길 6
Tel : (042) 673-1511 / Fax : (042) 635-1511
E-mail : bspco@hanmail.net
등록번호 : 61호

ISBN 978-89-6236-248-0 93740

【정가 20,000원】